HEYNE
BUSINESS

ERNEST PASAKARNIS

Business Dictionary

Englisch – Deutsch
Deutsch – Englisch

Mit rund
20 000 Stichwörtern

Originalausgabe

WILHELM HEYNE VERLAG
MÜNCHEN

HEYNE BUSINESS
Nr. 22/1003

Printed in Germany 1994
Umschlaggestaltung: Atelier Adolf Bachmann, Reischach
Satz: Schaber Satz- und Datentechnik, Wels
Druck und Verarbeitung: Presse Druck, Augsburg

ISBN 3-453-08163-3

Vorwort

Englisch ist die führende internationale Verkehrs- und Wirtschaftssprache.

Die immer komplizierter werdenden Strukturen des menschlichen Handelns haben auch ihren Niederschlag in der englischen Wirtschaftssprache gefunden. Kein Wunder, daß es für alle, die heute engagiert im Berufsleben stehen, immer schwieriger wird, sich im Dickicht der englischen Wirtschaftsfachbegriffe zurechtzufinden.

Es herrscht **information overload** (Überbelastung durch Informationsflut).

Bekannterweise gibt es keinen Mangel an großen und sehr ausführlichen Fachwörterbüchern der englischen Wirtschaftssprache.

Das HEYNE-Business Dictionary ist ein kompaktes Nachschlagewerk, das auf unnötigen Ballast verzichtet und dem Leser die fast unübersehbare Vielfalt der englischen Wirtschaftsfachbegriffe aufblättert.

Manche mögen's kurz, knapp und übersichtlich.

Das HEYNE-Business Dictionary mit rund 20 000 Stichwörtern enthält neben den am häufigsten auftretenden Wörtern, Wendungen, Grund- und Fachbegriffen auch zahlreiche neue Begriffe aus der wirtschaftsberuflichen Welt wie **corporate raider, downsizing, generic product, piggybacking, poison pill,** etc.

Mit diesem übersichtlichen Nachschlagewerk haben Sie die **Quintessenz** der überwältigenden englischen Wirtschaftssprache im Griff.

Benutzerhinweise

1. Die Stichwörter sind durch **Fettdruck** hervorgehoben. Substantive werden im allgemeinen im Singular aufgeführt.
2. Die Stichwörter sind vom ersten bis zum letzten Buchstaben alphabetisch geordnet. Aus mehreren Wörtern bestehende Stichwörter sind nach den Anfangsbuchstaben des ersten Wortes eingeordnet.
3. Die Umlaute ä, ö, ü werden wie a, o, u, der Buchstabe ß wie ss behandelt.
4. In Klammern wird eine ergänzende bzw. zusätzliche Auskunft gegeben.
5. Sowohl im englisch-deutschen als auch im deutsch-englischen Teil sind die Übersetzungen in einzelne Wortklassen eingeteilt (Adjektive; Verben; Substantive) und alphabetisch aufgeführt, ohne die unterschiedliche Gewichtung der einzelnen Übersetzungen in der Reihenfolge zum Ausdruck zu bringen.

Business Dictionary

Englisch – Deutsch

A

AAA (triple A) Bestwertungs-Kennzeichnung, Höchstbonität
abandon abandonnieren, aufgeben
abandonment Abandon, Aufgabe, Nichtannahme
abandonment clause Abandonklausel
abatement Ermäßigung, Herabsetzung
abbr (abbreviation) Abkürzung
ability Befähigung, Fähigkeit, Können
ability to pay Zahlungsfähigkeit
aboard an Bord
above-mentioned obenerwähnt
above par über pari
above standard über der Norm
abroad in das Ausland, im Ausland
abrogate abschaffen, aufheben
abrogation Abschaffung, Beendigung, Aufhebung
absence Abwesenheit, Fehlen
absence rate Abwesenheitsrate
absentee Abwesender
absenteeism Fernbleiben der Arbeitnehmer
absolute advantage absoluter Kostenvorteil
absolute liability Gefährdungshaftung
absolute title uneingeschränktes Eigentum
absorb auffangen, aufnehmen, einverleiben
absorbed burden verrechnete Gemeinkosten
absorption costing Vollkostenrechnung
absorption point Sättigungspunkt
abstention Stimmenthaltung
abstract of record Grundbuchauszug
abstract of title Eigentumsnachweis
abuse mißbrauchen; Mißbrauch
abut angrenzen, grenzen
abutting owner Anlieger
A/C (account, account current) Konto, Kontokorrent
academic akademisch
accelerate beschleunigen
accelerated cost recovery system beschleunigte Abschreibung
accelerated depreciation beschleunigte Sonderabschreibung
acceleration Beschleunigung
acceleration clause Fälligkeitsklausel, Verfallsklausel
accelerator principle Akzeleratorprinzip
accept akzeptieren, annehmen, übernehmen
acceptable akzeptabel, annehmbar, tragbar
acceptance Akzept, Akzeptanz, Annahme, Zuschlag
acceptance test Abnahmeprüfung, Markttest
accepted allgemein anerkannt
acceptor Abnehmer, Akzeptant
access Zugang, Zutritt
accessible zugänglich
accession Beitritt, Zuwachs
accession rate Einstellungsquote
accident Unfall
accidental durch Unfall verursacht, zufällig
accident insurance Unfallversicherung
accommodate gefällig sein, unterbringen
accommodation Gefälligkeit, Unterbringung

accommodation endorsement Gefälligkeitsindossament

accompany begleiten

accord bewilligen, einräumen

accord and satisfaction vergleichsweise Erfüllung

accordingly demgemäß

according to entsprechend, gemäß, je nach

account Konto, Kunde, Kundenetat, Rechnung

accountability Rechenschaftspflicht

accountancy Buchführung, Buchhaltung

accountant Buchhalter, Buchsachverständiger

accountant's opinion Bestätigungsvermerk

account balance Kontostand

account category Kundengruppe

account executive Kundenbetreuer, Werbekontakter

account for begründen, erklären

accounting Buchführung, Rechnungswesen

accounting clerk Buchhaltungsgehilfe

accounting cycle Buchungszyklus

accounting date Abrechnungstermin

accounting department Buchhaltung

accounting method Abrechnungsmethode

accounting principles Grundsätze ordnungsgemäßer Buchführung

accounting procedure Buchhaltungsverfahren

accounting rate of return rechnerische Rendite

accounting records Geschäftsbücher

accounting system Buchführungssystem

account number Kontonummer

accounts payable Kreditoren, Verbindlichkeiten

accounts receivable Außenstände, Forderungen

account statement Kontoauszug

account supervisor Kundenbetreuer

accredited investor zugelassener Anleger

accretion Wertzuwachs

accrual Auflaufen, Zuwachs

accrual basis Gewinnermittlung durch Betriebsvermögensvergleich

accrue auflaufen

accrued aufgelaufen

accrued assets antizipative Aktiva

accrued interest aufgelaufene Zinsen

accrued liabilities antizipative Passiva

accrued taxes Rückstellungen für Steuern

accumulate ansammeln, auflaufen

accumulated amount aufgelaufener Betrag, Endwert

accumulated depreciation Wertberichtigung

accumulated dividend aufgelaufene Dividende

accumulated income thesaurierter Gewinn

accumulation Anhäufung, Ansammlung

accuracy Genauigkeit, Richtigkeit

accurate genau, richtig

accuse beschuldigen

accustom gewöhnen

accustomed gewohnt, üblich

acid rain saurer Regen

acid rate Barliquidität, kurzfristige Liquidität

acid test Nagelprobe, Summe kurzfristiger Aktiva zu kurzfristigen Passiva

acknowledge anerkennen, bestätigen
acknowledgement Bestätigung
acknowledgement of debt Schuldanerkenntnis
acquaint bekannt machen
acquire erwerben, gewinnen
acquisition Anschaffung, Erwerb
acquisitive habgierig
acquisitiveness Habgier
acquittance Schulderfüllung
acquittal Freispruch
acreage Anbaufläche, Land
acronym Kurzwort (aus den Anfangsbuchstaben mehrerer Wörter)
across the board allgemein, generell
ACRS (accelerated cost recovery system) beschleunigte Abschreibung
act handeln, wirken
action Handlung, Handlungsweise, Klage, Prozeß, Sache
actionable klagbar, prozeßfähig
active assets produktive Aktiva
activity Tätigkeit
act of bankruptcy Konkursdelikt, Konkursgrund
act of God höhere Gewalt, Naturereignis
actor Schauspieler
actress Schauspielerin
actual eigentlich, tatsächlich, wirklich
actual cost Istkosten, tatsächliche Kosten
actual damage Vermögensschaden
actuarial tables versicherungsmathematische Tabelle
actuary Versicherungsmathematiker
ad Anzeige
adapt anpassen
adaptability Anpassungsfähigkeit
add hinzufügen, hinzurechnen
added capital Zusatzkapital
addendum Nachtrag, Zusatz
addition Hinzufügung, Zugang, Zusatz
additional earnings Nebeneinkünfte
additional mark-on zusätzlicher Aufschlag
additional payment Zuzahlung
add-on sale Anschlußauftrag
address Adresse, Anschrift
add up summieren, zusammenrechnen
adequacy Angemessenheit
adequate ausreichend, genügend
adequate rate of growth angemessenes Wachstum
adhesion contract Knebelungsvertrag
ad insert Anzeigenbeilage
adjoining angrenzend
adjourn vertagen
adjudication Rechtsspruch, Urteil
adjust ändern, anpassen, berichtigen, regulieren
adjust averages dispachieren (Schadensberechnung aufstellen)
adjustable-rate mortgage (ARM) variabel verzinsliche Hypothek
adjusted gross income Bruttoumsatz minus Berichtigungsposten
adjusted trial balance berichtigte Probebilanz
adjuster Schadensregulierer
adjustment Anpassung, Berichtigung, Regelung, Regulierung
administer verwalten
administered price kontrollierter Preis
administration Verwaltung
administrative channels Verwaltungsweg
administrative expense Verwaltungskosten
administrator Verwalter, Verwaltungsleiter
admirable großartig

admission Aufnahme
admit aufnehmen, eingestehen, zugeben, zulassen
adopt annehmen, anwenden, einführen
adult Erwachsener
adult education Erwachsenenbildung
adulterate verfälschen
adulteration Verfälschung
ad valorem duty Wertzoll
advance vorschießen; Vorschuß
advancement Beförderung, Förderung, Weiterkommen
advantage Vorteil
advantageous vorteilhaft
adversary Gegner, Widersacher
adverse balance Unterbilanz
adverse balance of payments passive Zahlungsbilanz
adverse possession Ersitzung, unberechtigter Besitz
advertise annoncieren, ankündigen, ausschreiben, werben
advertisement Annonce, Anzeige, Reklame, Werbemittel
advertiser Inserent, Werbungstreibender
advertising Werbung
advertising agency Werbeagentur
advertising copy Werbetext
advertising manager Werbeleiter
advertising media Werbeträger
advertising sales representative Werbevertreter
advice Beratung, Rat, Ratschlag
advice of dispatch Versandanzeige
advisable ratsam
advise benachrichtigen, beraten, mitteilen, raten
affect berühren, betreffen, beeinflussen
affectionately herzlich
affidavit eidesstattliche Erklärung
affiliated company Konzerngesellschaft
affirmative action Förderungsmaßnahmen
affluence Reichtum, Wohlstand
affluent society Wohlstandsgesellschaft
afford sich leisten
affreightment Befrachtungsvertrag
after-sales service Kundendienst
age group Altersgruppe
agency Agentur, Geschäftsstelle, Vertretung
agency agreement Agenturvertrag
agenda Tagesordnung
agent Handlungsbevollmächtigter, Vertreter
agglomeration Anhäufung, Ballung
aggregate Gesamtgröße
aggregate demand Gesamtnachfrage
agio Aufgeld
agiotage Agiotage, Devisenhandel
agree abmachen, übereinkommen, vereinbaren
agreed vereinbart
agreement Abmachung, Vereinbarung, Vertrag
agreement of sale Kaufvertrag
agribusiness industriell betriebene Landwirtschaft
agriculture Landwirtschaft
aid helfen; Hilfe
aim Absicht, Ziel, Zweck
aim at zielen auf
airline Fluggesellschaft, Fluglinie
airmail Luftpost
airplane Flugzeug
airport Flughafen
air rights Flugrechte
aka (also known as) alias, auch ... genannt
alien Ausländer
alienation Entfremdung, Veräußerung
alien corporation ausländische Kapitalgesellschaft

alimony Unterhaltszahlung
allegation Behauptung
allocate zuteilen, zuweisen
allocation Bereitstellung, Zuweisung
allotment Zuteilung
allow bewilligen, erlauben, gewähren
allowance Abzug, Nachlaß, Rabatt, Vergütung
all risk All-Gefahren-Deckung
all-round universal, vielseitig
alms Almosen
alter abändern, ändern
alternative minimum tax alternative Mindeststeuer
a.m. (ante meridiem) vormittags
amalgamate fusionieren, sich zusammenschließen
amalgamation Fusion, Vereinigung, Verschmelzung
amass anhäufen, zusammentragen
amateur Amateur, Dilettant
amazing erstaunlich
amend ändern, ergänzen, novellieren
amendment Änderung, Ergänzung, Novellierung
amenities Einkaufs- und Unterhaltungsmöglichkeiten
American plan Vollpension
amortization Abzahlung, Amortisation, Tilgung
amount betragen; Betrag, Summe
ample genügend
amusement tax Vergnügungssteuer
analysis Analyse, Untersuchung
analyst Analytiker
anchor tenant Absatzmagnet
angel Geldgeber, Sponsor
angle Gesichtswinkel, Standpunkt
angry ärgerlich, verärgert
announce ankündigen, ansagen
announcement Ankündigung, Bekanntmachung
announcer Ansager, Sprecher
annoy ärgern
annoyance Ärger
annoyed verärgert
annual jährlich
annual audit Jahresabschlußprüfung
annual budget Jahresbudget
annual earnings Jahresverdienst
annualize auf Jahresbasis umrechnen
annualized rate jährliche Änderungsrate
annual meeting Hauptversammlung
annual percentage rate jährliche Gesamtbelastung
annual report Geschäftsbericht
annual review Jahreserhebung
annuity Annuität, Jahresrente
answerable verantwortlich
answer the phone ans Telefon gehen
ante einsetzen, setzen; Einsatz
anticipated profit unrealisierter Gewinn
anticipation Erwartung
anticipation warrant kurzfristiger Schatzwechsel
antitrust laws Kartell- und Monopolgesetzgebung
anxiety Besorgnis, Sorge
anxious besorgt, bestrebt
a/o (account of) à Konto von
apartment building Wohnblock
apologize sich entschuldigen
apology Entschuldigung
apparently anscheinend, scheinbar
appeal Berufung einlegen
appear erscheinen, scheinen
appearance Aussehen
appellate court Berufungsgericht
appendix Anhang
applicant Antragsteller, Bewerber

application Antrag, Anwendung, Bewerbung
applied angewandt
applied overhead verrechnete Gemeinkosten
apply anwenden, bewerben, gelten, verwenden
appoint anstellen, ernennen, festsetzen
appointment Berufung, Ernennung, Termin, Verabredung
apportionment Aufteilung, Umlage, Verteilung
appraisal Bewertung, Schätzung
appraise bewerten, schätzen, taxieren
appraiser Schätzer, Taxator
appreciate im Wert steigen, zu schätzen wissen
appreciation Anerkennung, Beurteilung, Wertsteigerung
apprentice Auszubildender, Lehrling
apprenticeship Lehre, Lehrzeit
approach sich nähern; Methode, Verfahren
appropriate geeignet, passend; bewilligen, sich aneignen
appropriation Aneignung, Zuteilung, Zuweisung
appropriation of funds Geldzuweisung
approval Anerkennung, Billigung
approx (approximately) ungefähr
approximately circa, ungefähr
appurtenances Zubehör
appurtenant zugehörig
aptitude Eignung, Fähigkeit
arbiter Schiedsrichter
arbitrage Ausnutzung von Preis- und Kursschwankungen
arbitrageur Arbitrageur
arbitration Schlichtung
arbitration proceedings Schiedsgerichtsverfahren
arbitrator Schiedsrichter
architect Architekt
archives Archiv
area Bereich, Bezirk, Fläche, Gebiet
area code Vorwahl
ARM (adjustable-rate mortgage) variabel verzinsliche Hypothek
arouse erregen, erwecken, wachrufen
arrange anordnen, veranlassen, vereinbaren
array Ansammlung, Reihe
arrears Rückstände
arrival Ankunft
arrive ankommen
arson Brandstiftung
art Kunst
article Artikel
articles of association Gesellschaftsvertrag, Satzung
articles of incorporation Gründungsurkunde
artificial künstlich
artificial person juristische Person
artisan Handwerker
artist Künstler
A/S (account sales) Verkaufsabrechnung
asap (as soon as possible) so bald wie möglich
as from ab
as is wie besichtigt
asking price Angebotspreis
as of mit Wirkung vom
as per gemäß, laut
assay prüfen; Prüfung
assembler Monteur
assembly line Montageband
assembly plant Montagewerk
assembly worker Montagearbeiter
assess bemessen, beurteilen, einschätzen, festsetzen, veranlagen
assessed value Steuerwert
assessment Festsetzung, Schätzung, Taxierung
assessor Schätzer, Taxator
asset Vermögenswert
assets Aktiva, Vermögen

assign abtreten, übertragen, zedieren
assigned account verpfändete Forderung
assigned risk zwangsweise zugeteiltes Risiko
assignee Abtretungsempfänger
assignment Abtretung, Aufgabe, Beauftragung, Übertragung
assignor Abtretender, Zedent
assist begünstigen, fördern, helfen
assistant Assistent, Verkäufer
associate Kollege, Partner, Teilhaber
associated assoziiert, verbunden
association Gemeinschaft, Gesellschaft, Verband, Vereinigung
assorted sortiert, verschiedenartig
asst (assistant) Assistent
assume annehmen, übernehmen
assumed debt übernommene Schuld
assurable versicherbar
assurance Beteuerung, Erklärung, Versicherung
assure sichern, versichern
ATM (automated teller machine) Bankautomat
at par pari, zum Nennwert
at sight bei Sicht
attach pfänden
attachment Pfändung
attempt Versuch
attendance Anwesenheit, Teilnehmerzahl
attention Aufmerksamkeit, Berücksichtigung, Erledigung
attest bescheinigen, beglaubigen
at the close bei Börsenschluß
at the market bestens
at the opening (Wertpapierkaufauftrag) bei Eröffnung
attitude Haltung
attn (attention of) zu Händen von
attorney Anwalt, Bevollmächtigter
attorney-at-law Rechtsanwalt
attorney general Generalstaatsanwalt
attract anziehen, fesseln, gewinnen
attrition Abnutzung
auction Auktion, Versteigerung
auctioneer Auktionator, Versteigerer
auction off versteigern
audience Publikum, Zielgruppe
audit prüfen; Buchprüfung, Revision
auditing Prüfungswesen, Rechnungsprüfung
auditor Abschlußprüfer, Rechnungsprüfer, Revisor
audit trail Prüfungspfad
austerity drastisches Sparprogramm
autarky Autarkie
authentication Beglaubigung, Beurkundung
author Autor, Schriftsteller
authoritarian autoritär
authority Autorität, Befugnis, Behörde, Vollmacht
authorization Ermächtigung, Genehmigung
automat Automatenrestaurant
automated automatisiert
automated teller machine (ATM) Bankautomat
automatic automatisch
automation Automation
automobile insurance Autoversicherung
av (average) Durchschnitt, Havarie
available erhältlich, lieferbar, vorrätig
available cash Barliquidität
avarice Habgier, Habsucht
avaricious habgierig, habsüchtig
Ave (Avenue) Allee
average durchschnittlich; Durchschnitt, Havarie, Mittelwert

average balance Durchschnittsguthaben
average cost Durchschnittskosten
aviation insurance Luftfahrtversicherung
avoid anfechten, aufheben, vermeiden
avoidance of tax Steuerumgehung
await erwarten, warten auf
award belohnen, zusprechen; Schiedsspruch, Zubilligung
awareness Bewußtsein, Kenntnis

B

baby bond Kleinobligation
bachelor Junggesellenwohnung
back decken, unterstützen
backdating Rückdatierung
back file alte Akte
background Ausbildung, Verhältnisse, Werdegang, Zusammenhänge
backing Deckung, Unterstützung
backlog Rückstand
backlog of orders unerledigte Aufträge
backlog of work Arbeitsrückstand
back pay Nachzahlung
back-room boy Experte im Hintergrund
backsheesh Bestechungsgeld
back-up Unterstützung
backvaluation Rückvalutierung
backwardness Rückständigkeit
bad debt uneinbringliche Forderung
baffle verblüffen
bailout Abstoßen von Aktien
bait and switch advertising Lockvogelwerbung
balance ausgleichen, saldieren; Bilanz, Guthaben, Kontostand, Saldo
balanced budget ausgeglichener Haushalt
balance due Restschuld
balance of payments Zahlungsbilanz
balance of trade Handelsbilanz
balance sheet Bilanz
balloon payment hohe Abschlußzahlung
banausic materialistisch
banish vertreiben
bank Bank
bankbook Sparbuch
bank charges Bankgebühren
bank check Bankscheck
bank clerk Bankangestellter
bank credit transfer Banküberweisung
bank deposits Bankeinlagen
bank draft Bankscheck
banker Bankier
banker's acceptance Bankwechsel
banker's card Scheckkarte
banking Bankgeschäft, Bankwesen
banking hours Banköffnungszeiten
banking house Bankhaus
banking services Bankdienstleistungen
bank lending Kreditgeschäft der Banken
bank line Kreditlinie
bank manager Bankdirektor
bank note Banknote, Geldschein
bank paper Bankwechsel

bank rate Diskontsatz
bank reference Bankauskunft
bank robbery Bankraub
bankroll finanzieren, Gelder bereitstellen; Banknotenbündel, Haufen Geld
bank run panikartiger Ansturm auf Banken
bankrupt bankrott; Konkursschuldner
bankruptcy Bankrott, Insolvenz, Konkurs
bankrupt's certificate Eröffnungsbeschluß
bankrupt's estate Konkursmasse
bank statement Kontoauszug
bank transfer Banküberweisung
bar ausschließen, untersagen; Anwaltschaft
bar association Anwaltsvereinigung
bar code Strichcode
bargain handeln, verhandeln; Gelegenheitskauf, Geschäft, vorteilhafter Kauf
bargain basement Abteilung im Kaufhaus mit Sonderangeboten
bargain hunting Jagd nach Sonderangeboten
barge Frachtkahn, Lastkahn
bar graph Balkendiagramm
bar none ohne Ausnahme
bar one außer einem
barred verjährt
barrister Rechtsanwalt
barter Tauschgeschäfte, Tauschhandel
base Basis, Grundlage, Standort
base pay rate Ecklohn
base salary Grundgehalt
basic amount Grundbetrag
basic skills Grundfertigkeiten
basic wage Grundlohn
basis Basis, Grundlage
basis of assessment Bemessungsgrundlage
basis point Basispunkt
batch production Serienfertigung
bazaar Basar
B & B (bed and breakfast) Übernachtung mit Frühstück
B/E (bill of exchange) Wechsel
bear tragen; Baissier
bearable erträglich
bear account Baisse-Position
bearer Überbringer
bearer bill Inhaberwechsel
bearer bond Inhaberschuldverschreibung
bearer check Inhaberscheck
bearish flau
bear market Baissemarkt
bear raid Baissemanöver
bedroom community Schlafstadt
bedsit möbliertes Zimmer
beginning inventory Anfangsbestand
believe glauben
bellwether Leitemission
belly up bankrott, pleite
below par unter pari
below standard unter der Norm
belt-tightening Sparmaßnahmen
benchmark Bezugspunkt
benchmark rate Eckzins
benefactor Gönner, Wohltäter
beneficiary Begünstigter, Nutznießer
benefit Nutzen ziehen, profitieren; Gewinn, Nutzen, Vorteil
benefits Leistungen
bequest Vermächtnis, Zuwendung durch Testament
bestowal Schenkung, Verleihung
b/f (brought forward) Übertrag
bid-and-asked price Geldkurs und Briefkurs
bid price Angebotspreis
Big Board New Yorker Börse
big business Großkapital, Hochfinanz
bill berechnen, in Rechnung stellen; Rechnung, Wechsel
billboard Reklametafel
billing Rechnungsschreibung
billing date Rechnungsdatum

billings Umsatz
billionaire Milliardär
bill of exchange Wechsel
bill of lading Frachtbrief, Konnossement
bill of sale Verkaufsurkunde
binder Deckungszusage, Vorvertrag
binding bindend, verbindlich
bird dog Talentsucher
B/L (bill of lading) Frachtbrief, Konnossement
black goods bestreikte Waren
blacklist auf die schwarze Liste setzen
blackmail erpressen, nötigen; Erpressung
blackmailer Erpresser
black market Schwarzmarkt
black marketeer Schwarzhändler
black tie Smoking
blame Rüge, Schuld, Vorwurf
blank bill Blankowechsel
blank check Blankoscheck
blanket pauschal, umfassend
blind offer verstecktes Angebot
blister pack Sichtpackung
block sperren
blockbuster Knüller, Renner
blow Schlag
blue chips erstklassige Aktien, Spitzenwerte
blue-collar worker Arbeiter
blueprint Blaupause, Entwurf, Plan
blue-sky law Gesetz gegen Manipulationen im Wertpapierhandel
blurb Klappentext des Schutzumschlages eines Buches, Waschzettel
BO (branch office) Filiale
board Ausschuß, Kommission, Vorstand
board and lodging Kost und Logis
boardinghouse Pension
board of directors Aufsichtsrat, Verwaltungsrat, Vorstand
board of trade Handelskammer
board of trustees Beirat
boilerplate Standardklauseln in Verträgen
bona fide echt, gutgläubig
bonanza Goldgrube
bond Kaution, Obligation, Schuldverschreibung, Sicherheit
bonded warehouse Zollager
bond issue Anleihenemission
bonds festverzinsliche Wertpapiere
bonus Gratifikation, Prämie, Sonderdividende
book bestellen, engagieren, buchen, reservieren
booking Bestellung, Engagement, Buchung, Reservierung
bookkeeper Buchhalter
bookkeeping Buchhaltung
booklet Broschüre, Büchlein
book review Rezension
books Bücher, Geschäftsbücher
books and records Bücher und Aufzeichnungen
bookseller Buchhändler
bookshop Buchhandlung
book value Buchwert
boom Aufschwung, Hochkonjunktur
boondoggle unnötiges, unwirtschaftliches Projekt
boot Rausschmiß, sofortige Entlassung
booth Messestand
bordereau Laufzettel
bored gelangweilt
boring langweilig
borrow leihen
borrowed capital Fremdkapital
borrower Kreditnehmer
borrowing Kreditaufnahme
borrowing cost Kreditkosten
boss Chef, Vorgesetzter
boss around rumkommandieren
bossy herrisch
bottled in Flaschen abgefüllt
bottleneck Engpaß

bottom line Reingewinn oder Reinverlust, wichtigster Faktor
bottom out den tiefsten Stand erreichen
bounced check geplatzter Scheck
bound verpflichtet
bounty Belohnung, Prämie, Zuschuß
bourse Effektenbörse
boycott Boykott
brainstorm Geistesblitz, glänzender Gedanke
brainstorming Konferenzmethode zur gemeinsamen Problemlösung
brake bremsen; Bremse
branch Branche, Filiale, Zweigstelle
branch bank Filialbank
brand Marke, Markenartikel, Warenzeichen
branding Markenpolitik
brand name Markenname
brass Führungsspitze, Geschäftsleitung, Vorstand
brass ring Hauptgewinn, Haupttreffer
breach of contract Vertragsbruch
bread Kies, Moos, Zaster
breadwinner Ernährer, Geldverdiener
break Bruch, Pause, Umschwung
breakage Bruchschaden
break down aufgliedern, aufschlüsseln
breakdown Aufschlüsselung, Betriebsschaden, Zusammenbruch
break even Kosten decken
break-even point Gewinnschwelle, Kostendeckung
bribe bestechen; Bestechungsgeld
bribery Bestechung
bridge the gap Lücke schließen, Zeit überbrücken
brief knapp, kurz
briefcase Aktenkoffer, Aktentasche
bring about herbeiführen, zustande bringen
broadcast ausstrahlen, senden; Sendung
brochure Broschüre
broke abgebrannt, pleite
broker Makler
brokerage Maklergeschäft, Maklergebühr
Bros (brothers) Gebrüder
budget haushalten, etatisieren; Budget, Etat, Haushaltsplan
budget deficit Haushaltsdefizit
budgeting Budgetierung, Planung
buffer stock Marktausgleichslager, Pufferlager
build aufbauen, bauen, errichten
builder Bauunternehmer
building and loan association Bausparkasse
building codes Bauvorschriften
building contractor Bauunternehmer
building site Baustelle
bulk goods Massengüter, Schüttgüter
bulky sperrig
bull Haussier
bullish optimistisch
bull market Haussemarkt
bureaucracy Bürokratie
Bureau of Customs Bundeszollbehörde
burglar Einbrecher
burglarize einbrechen
burglarproof einbruchsicher
burglary Einbruch, Einbruchsdiebstahl
bursar Schatzmeister
business Geschäft, Gewerbe, Unternehmen
business administration Betriebswirtschaftslehre
business cycle Konjunkturzyklus

business enterprise Gewerbebetrieb
business hours Geschäftsstunden
businesslike geschäftstüchtig, sachlich
business link Geschäftsverbindung
businessman Geschäftsmann, Unternehmer
business objectives Unternehmensziele
business organization Unternehmen
business relations Geschäftsbeziehungen
business scenario Konjunkturprognose
business sense Geschäftssinn
business unit Geschäftsbereich
businesswoman Geschäftsfrau, Unternehmerin
business world Geschäftswelt
bust pleite; Pleite
busy beschäftigt, besetzt, lebhaft, verkehrsreich
buy kaufen; Kauf
buy back zurückkaufen
buyback Rückkauf
buyer Einkäufer, Käufer
buyer credit Bestellerkredit, Käuferkredit
buyer's market Käufermarkt
buyer's rate Geldkurs
buyer's resistance Kaufwiderstand
buying habits Kaufgewohnheiten
buying power Kaufkraft
buy out aufkaufen, auszahlen
buyout Unternehmensaufkauf
buzz of approval zustimmendes Gemurmel
buzzword Modewort

C

C/A (current account) Girokonto
ca (circa) ungefähr, zirka
cabin attendant Steward, Stewardeß
cable TV Kabelfernsehen
ca'canny Bummelstreik
CAD (computer-aided design) computergestütztes Entwerfen
cadastral survey Katasteraufnahme
cadastre Grundstückswertregister
calculate ausrechnen, kalkulieren
calculator Rechenmaschine, Rechner
call einberufen, kündigen; Kaufoption, Kündigung
callback Rückruf
call-box Telephonzelle
caller Besucher
calling Berufung
calling card Visitenkarte
call loan täglich kündbares Darlehen
call money Tagesgeld, tägliches Geld
CAM (computer-aided manufacture) computergestützte Fertigung
campaign Aktion, Kampagne
cancel absagen, rückgängig machen, stornieren, streichen
cancellation of order Auftragsstornierung
canteen Kantine
CAO (chief administrative officer) Verwaltungsleiter
cap Zinsdeckel
capable fähig, geeignet

capacity Eigenschaft, Kapazität
capacity utilization Kapazitätsauslastung
capital Kapital
capital account Kapitalverkehrsbilanz
capital contribution Eigenkapital, Kapitaleinlage
capital cover fund Kapitaldeckungsstock
capital funds Eigenmittel
capital gains Veräußerungsgewinne
capital gains tax Kapitalertragsteuer, Steuer auf Veräußerungsgewinne
capital goods Kapitalgüter, Produktionsgüter
capital-intensive kapitalintensiv
capitalism Kapitalismus
capitalist Kapitalist
capitalization Aktivierung, Kapitalisierung
capital loss Kapitalverlust
capital stock Grundkapital
capital structure Kapitalstruktur
capitation tax Kopfsteuer
care Sorgfalt
career Karriere, Laufbahn
careful vorsichtig, sorgfältig
carelessness Fahrlässigkeit, Nachlässigkeit
care of (c/o) bei
caretaker Hausmeister
cargo insurance Warentransportversicherung
carpenter Schreiner, Tischler, Zimmerer
carriage Beförderung, Fracht, Transportkosten
carriage of goods by air Luftfrachtverkehr
carrier Frachtführer, Transportunternehmer, Verfrachter
carryback Verlustrücktrag
carryforward Verlustvortrag
carryover Übertrag
cartage Rollgeld, Transportkosten
cartel Kartell
cartoon Zeichentrickfilm
CAS (computer-aided sales) computergestützter Verkauf/Vertrieb
case Fall, Kiste, Rechtsfall
cash einlösen; Bargeld, Barzahlung
cash-and-carry wholesaler Abholgroßmarkt
cash basis delivery Lieferung gegen Nachnahme
cashbook Kassenbuch
cash cow Unternehmen mit einem hohen finanziellen Gewinn
cash-desk Kasse
cash disbursements journal Kassenausgangsbuch
cash discount Skonto
cash dispenser Geldautomat
cash down in bar
cashier Kassierer
cashier's check Bankscheck
cash machine Geldautomat
cash on delivery (COD) per Nachnahme, Zahlung bei Lieferung
cash register Registrierkasse
cash sale Barverkauf
cash with order Zahlung bei Auftragserteilung
cassette recorder Kassettenrecorder
casual labor Aushilfskräfte
casualty insurance Unfallversicherung
catalog katalogisieren; Katalog
catalog company Versandhaus
catastrophe loss Katastrophenverlust
cause verursachen; Ursache, Veranlassung
caution Vorsicht
caveat emptor Mängelausschluß
CD (certificate of deposit) Einlagenzertifikat

cease aufhören
ceiling Höchstbetrag
central bank Notenbank, Zentralbank
central processing unit Zentraleinheit
CEO (chief executive officer) geschäftsführender Direktor
cert (certificate) Bescheinigung
certainty Bestimmtheit, Gewißheit, Sicherheit
certificate Bescheinigung, Gutachten, Zeugnis
certificate of deposit (CD) Einlagenzertifikat
certificate of origin Ursprungszeugnis
certified check bestätigter Scheck
certified public accountant (CPA) Wirtschaftsprüfer
certify beglaubigen, bescheinigen
cf (confer) vergleiche
CFO (chief financial officer) Finanzleiter
chaffer feilschen, handeln
chain Ladenkette, Kette
chain discount Stufenrabatt
chain store Kettenladen
chairman Vorsitzender
chairman of the board Vorstandsvorsitzender
chairmanship Vorsitz
chairwoman Vorsitzende
challenge Herausforderung
chamber of commerce Handelskammer
chance Gelegenheit, Möglichkeit, Zufall
change wechseln; Wechselgeld
channel Kanal, Programm
channel of distribution Absatzweg
channels Verwaltungsweg
charge berechnen, in Rechnung stellen; Gebühr, Lastschrift
charge account Kreditkonto
charges Gebühren
charitable contributions karitative Spenden
charity karitative Organisation
charter Gründungsurkunde
chartered accountant beeidigter Buchprüfer
chattel bewegliche Sache
chattel mortgage Sicherungsübereignung
cheap billig, preiswert
check nachprüfen, überprüfen; Rechnung, Scheck
checkbook Scheckbuch, Scheckheft
checking account Girokonto
chemist Apotheker, Drogist
chief Chef
chief administrative officer (CAO) Verwaltungsleiter
chief designer Hauptkonstrukteur
chief executive officer (CEO) geschäftsführender Direktor
chief financial officer (CFO) Finanzleiter
chief negotiator Chefunterhändler
china Porzellan
chit Getränkerechnung, Zettel
choose aussuchen, wählen
churn sehr schneller Umsatz
CIF (cost, insurance, and freight) Kosten, Versicherung, Fracht
circle graph Kreisdiagramm
circular flow Wirtschaftskreislauf
circular letter Rundschreiben
circulate in Umlauf setzen
circumstances Umstände
claim behaupten, fordern, geltend machen; Versicherungsanspruch
class Art, Klasse
class consciousness Klassenbewußtsein
classified ads Kleinanzeigen
classify einstufen, einteilen, gruppieren, in Klassen einteilen

clause Absatz, Abschnitt, Klausel
claused bill of lading unreines Konnossement
clean bill of lading reines Konnossement
clean-cut klar umrissen
clean payment Zahlung gegen Rechnung
clean up absahnen, aufräumen, große Profite machen
cleanup fund Umweltfonds
clear räumen, tilgen
clearance Abrechnung, Ausverkauf, Räumung
clearance fee Abfertigungsgebühr
clearing house Abrechnungsstelle
clear title unbelastetes Eigentumsrecht
clerical staff Büropersonal
clerk Büroangestellter, kaufmännischer Angestellter
client Auftraggeber, Klient, Kunde
clientele Kundenkreis, Kundschaft
close abschließen, aufgeben
close an account Konto auflösen
closed bidding geschlossene Ausschreibung
closed corporation Gesellschaft mit begrenzter Mitgliedschaft
closed shop Gewerkschaftszwang
closefisted geizig, knauserig
closeout Ausverkauf
close the books Bücher abschließen
closing Abschluß
closing date letzter Termin
closing entry Abschlußbuchung
closure Schließung
cloud on title Beeinträchtigung eines Eigentumsrechts
co (company) Gesellschaft
c/o (care of) bei
coach trainieren; Trainer
coating Schutzschicht
COD (cash on delivery) per Nachnahme, Zahlung bei Lieferung
code Code, Schlüssel
codetermination Mitbestimmung
coin prägen; Münze
coinsurance Mitversicherung
cold call unangemeldeter Besuch
collaborate mitarbeiten, zusammenarbeiten
collapse zusammenbrechen; Zusammenbruch
collapsible corporation vorübergehend bestehende Gesellschaft
collateral Pfand, Sicherheit
collect abholen, einziehen, sammeln
collection Inkasso
collection agency Inkassobüro
collection division Inkassoabteilung
collection proceeds Inkassoerlös
collective bargaining Tarifverhandlungen
collide zusammenprallen
collision Kollision, Zusammenstoß
collusion geheime Absprache, geheimes Einvernehmen
comaker Mitaussteller
combine verbinden, vereinigen
combined transport kombinierter Verkehr
come across stoßen auf, zufällig finden
come into force in Kraft treten
come-on Kaufanreiz
come to terms sich über den Preis einigen
commence beginnen
comment Bemerkung, Erläuterung, Stellungnahme
commentator Kommentator, Reporter
commerce Handel, Handelsverkehr

commercial kaufmännisch, kommerziell; Werbespot
commercial agent Handelsvertreter
commercial bank Geschäftsbank, Kommerzbank
commercial credit Handelskredit, Warenkredit
commercial instrument Handelspapier
commercial invoice Handelsrechnung
commercial paper Finanzierungswechsel
commissary Kantine
commission Kommission, Provision
commit begehen, verüben
commitment Verbindlichkeit, Verpflichtung
committee Ausschuß
commodities broker Broker an Warenbörsen
commodities exchange Warenbörse
commodity Artikel, Produkt, Ware, Wirtschaftsgut
common gewöhnlich, normal, üblich
common carrier Transportunternehmen
common labor ungelernte Arbeitskräfte
common laborer Hilfsarbeiter
common law Gewohnheitsrecht
common sense gesunder Menschenverstand
common situs picketing Bestreiken einer ganzen Baustelle
common stock Stammaktien
communicate mitteilen
communication Kommunikation, Mitteilung, Nachricht
commutation Ablösung, Umwandlung
commute pendeln
commuter Pendler
compact disc CD-Platte
company Firma, Kapitalgesellschaft, Unternehmen
company health insurance betriebliche Krankenversicherung
company union Betriebsgewerkschaft
comparative vergleichend
compare vergleichen
comparison Vergleich
compel zwingen
compensate entschädigen
compensation Abfindung, Entschädigung, Schadenersatz
compete konkurrieren
competence Fähigkeit, Tüchtigkeit
competition Konkurrenz, Wettbewerb
competitive konkurrierend, wettbewerbsfähig
competitive edge Wettbewerbsvorteil
competitive pricing Wettbewerbspreisgestaltung
competitor Konkurrent, Konkurrenzfirma
complaint Beschwerde, Mängelrüge, Reklamation
complete vollständig; abschließen, beenden, vervollständigen
completion Erfüllung, Fertigstellung
complicated kompliziert
comply entsprechen, erfüllen, nachkommen
compound aufzinsen
compound entry Sammelbuchung
compound interest Zinseszins
comprehension Begriffsvermögen, Verstand
comprehensive umfassend
comprehensive policy Vollkasko
comprise einschließen, umfassen
comptroller Leiter des Finanz- und Rechnungswesens
compulsory bindend, obligatorisch, zwingend

compulsory arbitration Zwangsschlichtung
computer Computer, Rechner
computer-operated computergesteuert
concept Begriff, Konzeption
concern Firma, Konzern, Unternehmen
concerned besorgt, betroffen
concerning betreffend
concession Entgegenkommen, Konzession, Zulassung
concessionaire Konzessionär
concise bündig, kurz, prägnant
conclude abschließen, enden, schließen
condemnation Enteignung, Verurteilung
condition Bedingung, Verfassung, Zustand
conditions of payment Zahlungsbedingungen
conditions of sale Verkaufsbedingungen
condominium Eigentumswohnung
conduct betreiben, führen, leiten; Benehmen, Führung
confess gestehen
confidence Vertrauen
confident sicher, überzeugt, zuversichtlich
confidential vertraulich
confine beschränken
confirm bestätigen
confirmation Bestätigung
confiscate beschlagnahmen, konfiszieren
conform to entsprechen, übereinstimmen mit
confuse verwechseln
confusion Verwirrung
conglomerate Konglomerat, Mischkonzern
connect verbinden
connection Beziehung, Leitung, Verbindung
conscientious gewissenhaft
consent einwilligen, zustimmen; Erlaubnis, Zustimmung
consider berücksichtigen, in Betracht ziehen
consideration Entgelt, Gegenleistung, Vergütung
considering in Anbetracht
consign konsignieren, verschicken
consignee Warenempfänger
consignment Warensendung
consignment note Frachtbrief
consignment stock Konsignationslager
consignor Warenabsender
consolidation Fusion, Konsolidierung, Vereinigung
consortium Konsortium
conspicuous consumption Prestigekonsum
constitute ausmachen, bilden
constructive receipt Einkünfte gelten als zugeflossen
consultant Berater, Gutachter
consultation Beratung, Rücksprache
consumer Verbraucher
consumer credit Konsumentenkredit
consumer goods Konsumgüter
consumerism Verbraucherschutzbewegung
consumer market Konsumgütermarkt
consumer price index Lebenshaltungskostenindex
consumer protection Verbraucherschutz
consumer society Konsumgesellschaft
contain enthalten
container Behälter, Container
contd (continued) Fortsetzung
content zufrieden
contents Inhalt
contingent fee Erfolgshonorar
contingent liability Eventualverbindlichkeit

continuance Fortbestand, Weiterbestehen
continuation Fortsetzung
continuing dauernd, fortdauernd, fortbestehend
continuous budget rollendes Budget
contraband Bannware, Schmuggelware
contract einen Vertrag abschließen; Auftrag, Vertrag
contracting party Vertragspartei
contract liability Vertragshaftung
contract of agency Vertretungsvertrag
contract of carriage Frachtvertrag
contract of employment Arbeitsvertrag
contract of insurance Versicherungsvertrag
contract of sale Kaufvertrag
contractor Auftragnehmer
contribute beitragen
contribution Beitrag
controller Leiter der Buchhaltung
controlling interest Mehrheitsbeteiligung
convenience Bequemlichkeit, Vorteil
convenience store Nachbarschaftsladen
convenient bequem, geeignet, gelegen
conversion Umwandlung, Währungsumtausch
convertible security umtauschbares Wertpapier
convey befördern, transportieren, übermitteln
conveyance Beförderung, Transport
conviction Überzeugung
convince überzeugen
cook frisieren, manipulieren
cook the books Buchungsunterlagen manipulieren
co-op Genossenschaft
cooperate zusammenarbeiten
cooperation Mitarbeit, Zusammenarbeit
cooperative Genossenschaft
cooperative advertising Gemeinschaftswerbung
copy Abschrift, Exemplar, Kopie, Werbetext
copyright Urheberrecht
copywriter Werbetexter
corner Monopolgruppe, spekulativer Aufkauf
corner the market monopolisieren, spekulativ aufkaufen
corporate identity Unternehmensphilosophie
corporate person juristische Person
corporate raider Ausschlachter von Unternehmen, Unternehmenshai
corporate veil Haftungsbeschränkung
corporation Aktiengesellschaft, Konzern, Körperschaft
correct berichtigen
correction Berichtigung
correspond entsprechen, übereinstimmen
correspondent bank Korrespondenzbank
corroborate bekräftigen
corroboration Bekräftigung
cosigner Mitunterzeichner
cost kosten, Kosten ermitteln; Kosten, Preis
cost accounting Kostenrechnung
cost and freight Kosten und Fracht
cost-benefit analysis Kosten-Nutzen-Analyse
cost-effective kostengünstig, kostenwirksam
costly kostspielig
cost of goods sold Kosten der verkauften Erzeugnisse
cost of living Lebenshaltungskosten

cost-of-living allowance Teuerungszulage
cost overrun Kostenüberschreitung
cost per item Stückkosten
cotenant Mitpächter
cottage industry Heimindustrie, Manufaktur
counsel beraten; Ratschlag, Rechtsanwalt
counselor Berater, Ratgeber
count rechnen, zählen
counter Ladentisch
counter check Überbringerscheck
counter-cyclical policy antizyklische Konjunkturpolitik
counterfeit gefälscht; fälschen; Fälschung
counterfeit money Falschgeld
counterfoil Kontrollabschnitt
countermand rückgängig machen, widerrufen
counter-offer Gegenangebot
counter-proposal Gegenvorschlag
countersign gegenzeichnen
countertrade Gegengeschäfte
coupon Gutschein, Kupon, Zinsschein
courteous höflich, liebenswürdig
courtesy Entgegenkommen, Höflichkeit
court settlement gerichtlicher Vergleich
coverage Deckung
cover charge Gedeckzwang
covering letter Begleitbrief, Begleitschreiben
cover stock Aktien zurückkaufen
cp (compare) vergleiche
CPA (certified public accountant) Wirtschaftsprüfer
crack Ritze, Spalte
craft Handwerk
craftsman Handwerker
craftsmanship handwerkliches Können
craft union Handwerkergewerkschaft
crapshoot Spekulation, Spekulationsobjekt
crash pleite machen; Zusammenbruch
create erzeugen, hervorrufen, schaffen
credible glaubwürdig
credit Gutschrift, Haben, Kredit
credit agreement Kreditvertrag
credit bureau Auskunftei
credit card Kreditkarte
credit information Kreditauskunft
credit limit Kreditrahmen
credit note Gutschriftanzeige
creditor Gläubiger
creditors' funds Fremdkapital
credit rating Kreditwürdigkeit
credit transfer Überweisung
credit union Kreditgenossenschaft
creep sich einschleichen
creeping inflation schleichende Inflation
crew Mannschaft, Personal
critic Kritiker
criticism Kritik, Tadel, Vorwurf
Croesus Krösus, sehr reicher Mann
cross bill Gegenwechsel
crossed check Verrechnungsscheck
cross rate Kreuzkurs
crude roh, unbearbeitet; Rohöl
cruise Kreuzfahrt
cumulative quantity discount Umsatzrabatt
cumulative total Gesamtbetrag
curator Vormund
curb bremsen, zügeln; Beschränkung; ungeregelter Freiverkehr
curiosity Neugierde
currency Bargeldumlauf, Währung
currency devaluation Währungsabwertung, Währungsverfall

current aktuell, gültig, laufend
current account Girokonto, Kontokorrentkonto
current assets Umlaufvermögen
current expenses laufende Ausgaben
current liabilities kurzfristige Verbindlichkeiten
currently gegenwärtig, zur Zeit
current rate of exchange Tageskurs
curriculum vitae (CV) Lebenslauf
curse Fluch
custom Gepflogenheit
customer Abnehmer, Kunde
custom-made maßgefertigt, spezialangefertigt
customs authorities Zollbehörden
customs duty Zoll
customs invoice Zollfaktura
customs procedure Zollverfahren
cut beschneiden, kürzen, senken, reduzieren; Kürzung
cut back einschränken, zurückschrauben
cutback Abbau
cut corners das Verfahren abkürzen
cut off abbrechen, enterben
cut-rate billig, herabgesetzt
cuts Ausgabenkürzungen
CV (curriculum vitae) Lebenslauf
CWO (cash with order) Barzahlung bei Bestellung
cycle Kreislauf, Zyklus

D

daily täglich; Tageszeitung
daily balances tägliche Guthaben
daily trading limit zulässige tägliche Kursfluktuation
daisy chain unechte Marktaktivität
damage beschädigen, schaden; Schaden, Verlust
damages Schadenersatz
danger Gefahr
dare wagen
data Daten
data processing Datenverarbeitung
data transmission Datenübertragung
daybook Journal, Tagebuch
day money Tagesgeld
day shift Tagschicht
daywork Schichtarbeit bei Tag
dba (doing business as) fiktiver Firmenname
deadline äußerster Termin, Frist
dead loss Totalverlust
deal Geschäftsabschluß
dealer Händler
dealer network Händlernetz
deal in handeln mit
dealings Geschäfte, Umgang
dealings in futures Termingeschäft
dear teuer
death tax Erbschaftssteuer
debenture Anleihe, Schuldschein, Schuldverschreibung
debit belasten; Schuldposten, Soll
debit card Kreditkarte mit sofortiger Belastung des Kundenkontos
debit note Lastschriftanzeige
debt Fremdkapital, Schuld
debt due fällige Schuld
debtor Schuldner

debt securities schuldrechtliche Wertpapiere
debt service Schuldendienst
decal Abziehbild, Logo
decedent Verstorbener
deceptive irreführend, täuschend
decision Entscheidung, Entschluß
declare anmelden, deklarieren, verzollen
decline absagen, fallen, verweigern; Rückgang, Verminderung
declining balance depreciation degressive Abschreibung
decrease abnehmen, zurückgehen; Abschwächung, Minderung
deduct abbuchen, absetzen, abziehen
deductibility Abzugsfähigkeit
deductible abzugsfähig; Selbstbehalt
deduction Abzug
deed Vertragsurkunde
deed of association Gesellschaftsvertrag
deed of transfer Übertragungsurkunde
deep pockets große Menge an Geld
defalcate unterschlagen
defalcation Unterschlagung
default Nichterfüllung einer Verpflichtung, Zahlungsverzug
defective goods Ausschußware, mangelhafte Waren
defer aufschieben, hinausschieben
deferment Aufschub, Verschiebung
deferred payment aufgeschobene Zahlung
deficit Defizit, Fehlbetrag, Minus, Verlust
definite bestimmt, eindeutig, klar
deflation restriktive Wirtschaftspolitik
delay aufschieben, verzögern; Verspätung, Verzögerung
delay in delivery Lieferverzug
delay in payment Zahlungsverzug
deliberate absichtlich
delighted erfreut
delinquency überfällige Forderung
delinquent rückständig, überfällig
deliver liefern
delivery Lieferung
delivery period Lieferfrist
demand fordern, verlangen; Bedarf, Nachfrage
demand curve Nachfragekurve
demand deposit Sichteinlage
demand elasticity Nachfrageelastizität
demand shortfall Nachfrageausfall
demolition Abbruch
denominator Nenner
density Dichte
deny abstreiten, dementieren, verweigern
depart abfahren, abweichen
department Abteilung
department store Kaufhaus, Warenhaus
departure Abfahrt, Abflug
dependable zuverlässig
dependent abhängig, unselbständig; Familienangehöriger
depending on je nach
depletion Substanzverringerung
deposit einzahlen; Einzahlung, Kaution
depository Hinterlegungsstelle, Verwahrungsstelle
deposit slip Einzahlungsschein
depreciation Abschreibung, Entwertung, Wertminderung
depressed flau, gedrückt
depression Depression
dept (department) Abteilung
deregulation Deregulierung
deserve verdienen
design entwerfen, gestalten; Design, Entwurf

desirable erwünscht, wünschenswert
destination Bestimmungsort, Ziel
destitution Mittellosigkeit
destroy vernichten, zerstören
detachable abtrennbar
devaluation Abwertung
devalue abwerten
develop ausbauen, entwickeln
developer Stadtplaner
developing nation Entwicklungsland
development aid Entwicklungshilfe
device Gerät, Vorrichtung
devise vermachen; Vermächtnis von Grundbesitz
dial eine Telefonnummer wählen
diary Tagebuch, Terminkalender
dicker feilschen
dictate diktieren
dictionary Wörterbuch
difficulty schwierige Lage, Schwierigkeit
diminish verringern
diminishing returns abnehmender Grenznutzen
direct debiting Abbuchungsverfahren
direct mail Direktversand
direct marketing Direktabsatz
director Direktor, Vorstandsmitglied
directory Adreßbuch, Branchenverzeichnis
directory assistance Fernsprechauskunft
direct quotation Preisnotierung
direct tax direkte Steuer
disability Arbeitsunfähigkeit
disability insurance Invalidenversicherung
disadvantaged benachteiligt
disagreement Meinungsverschiedenheit
disappear verschwinden
disappoint enttäuschen
disappointment Enttäuschung
disbursement Auszahlung, Barauslage
disc (discount) Diskont
disclaim ablehnen, nicht anerkennen
discomfort index Problemindex
discontinuation Aufgabe, Einstellung
discount Preisnachlaß, Rabatt, Skonto
discount rate Diskontsatz
discover entdecken
discretionary account treuhänderisch verwaltetes Konto
discretionary income frei verfügbares Einkommen
dishonesty Betrug, Unehrlichkeit
dishonor nicht einlösen
dishonored bill notleidender Wechsel
disinherit enterben
disk Diskette
dismiss entlassen
dismissal protection Kündigungsschutz
dispel zerstreuen
display ausstellen, präsentieren, zeigen; Ausstellung
display ad Großanzeige
disposable income verfügbares Einkommen
disposal Verfügung
dispute anfechten; Streitigkeit
dissolution Auflösung
dissolve auflösen
distinguish unterscheiden
distribute verteilen, zustellen
distributed data processing dezentralisierte Datenverarbeitung
distributing agent Vertreter mit Auslieferungslager
distribution Verteilung, Vertrieb
distribution of income Einkommensverteilung
distributor Großhändler
disturb belästigen, stören

disturbing beunruhigend
div (dividend) Dividende
diversification Erweiterung der Produktpalette
diversify diversifizieren
divestiture Abtrennung, Veräußerung
dividend Dividende, Gewinnanteil
division Abteilung
doc (document) Dokument, Urkunde
docks Hafenanlagen
dockworker Hafenarbeiter
documentary Dokumentarfilm
documentary collection Dokumenteninkasso
documentary letter of credit Dokumentenakkreditiv
document of title Dispositionspapier, Traditionspapier
documents against acceptance Dokumente gegen Akzept
documents against payment Dokumente gegen Zahlung
dog and pony show ausgeklügelte Verkaufsmasche
dole Arbeitslosenunterstützung
domestic inländisch; Hausangestellte
donation Spende
donor Spender
door-to-door von Haus zu Haus
double-dealer Betrüger
double-dealing betrügerisch; Betrügereien
double-entry accounting doppelte Buchführung
double insurance Doppelversicherung
double taxation Doppelbesteuerung
doubtful unsicher, zweifelhaft
doubtless ohne Zweifel, zweifellos
down-and-out heruntergekommen
down payment Abschlagszahlung, Anzahlung
downside Kursrückgang
downsize sanieren, verkleinern, verringern
downsizing Sanierung
down time Ausfallzeit
dowry Mitgift
doz (dozen) Dutzend
dpt (department) Abteilung
draft ausarbeiten, entwerfen; Bankscheck, Entwurf, Tratte
draftsman technischer Zeichner
draw abheben, ziehen
drawee Bezogener
drawer Aussteller
dread Angst, Furcht, Grauen
drive-in so angelegt, daß man das Auto nicht zu verlassen braucht
drug Arzneimittel, Medikament
dry cleaner's chemische Reinigung
dry goods Textilien
due fällig
duly ordnungsgemäß
dummy Strohmann
dump zu Dumpingpreisen verkaufen
dumping Dumping, Preisunterbietung
dun anmahnen, mahnen
duopoly Duopol
duplex Doppelhaus
durability Haltbarkeit
durable goods Gebrauchsgüter
duration Dauer
duty Abgabe, Dienst, Pflicht, Steuer, Zoll
duty paid verzollt
dye färben; Farbstoff
dz (dozen) Dutzend

E

early retirement Frühpensionierung
earn verdienen
earned income credit Gutschrift für Arbeitseinkommen
earnest money Draufgabe, Handgeld
earning power Ertragskraft
earnings Einkommen, Gewinn, Verdienst
ease Leichtigkeit
easement Grunddienstbarkeit
easy money policy Politik des billigen Geldes
ecology Ökologie
econometrics Ökonometrie
economic ökonomisch, wirtschaftlich
economical sparsam, wirtschaftlich
economic growth Wirtschaftswachstum
economic indicator Konjunkturindikator
economic low Konjunkturtief
economic policy Wirtschaftspolitik
economics Volkswirtschaftslehre, wirtschaftliche Aspekte
economic system Wirtschaftssystem
economies of scale Kostendegression
economist Betriebswirt, Volkswirt
economize rationalisieren, sparen
economy Einsparung, Sparmaßnahme, Wirtschaft
ecosphere Biosphäre, Ökosphäre
ECU (European Currency Unit) Europäische Währungseinheit
edge Ecke, Rand
editor Herausgeber, Lektor, Redakteur
education Ausbildung
effectiveness Wirksamkeit
efficiency Leistungsfähigkeit, Wirtschaftlichkeit
efficient leistungsfähig, tüchtig
effort Anstrengung, Bemühung, Mühe
EFT (electronic funds transfer) elektronischer Zahlungsverkehr
e.g. (exempli gratia, for example) zum Beispiel
elaborate ausführlich; genau darlegen
elasticity Elastizität
electric elektrisch
electrical elektrisch, Elektro-
electrical equipment Elektrogeräte
electrician Elektriker
electricity Elektrizität, Strom
electronic elektronisch
electronic banking elektronische Zahlungsverkehrsleistungen
electronic funds transfer (EFT) elektronischer Zahlungsverkehr
electronics Elektronik
embargo Embargo, Handelssperre
embarrass in Verlegenheit bringen
embezzle unterschlagen, veruntreuen
embezzlement Unterschlagung, Veruntreuung
emphasize betonen
employ anwenden, beschäftigen, einsetzen
employable verwendbar
employed angestellt, beschäftigt
employee Angestellter, Arbeitnehmer

employee share Belegschaftsaktie
employer Arbeitgeber
employment Arbeit, Beschäftigung
employment office Arbeitsamt
emporium Warenhaus
enable befähigen, ermöglichen
encashment Einziehung, Inkasso
encl (enclosure) Anlage
enclose beifügen, beilegen
encourage ermuntern, veranlassen
encroachment Beeinträchtigung, Übergriff
encumbrance dingliche Belastung
ending inventory Schlußbestand
endorse indossieren
endorsee Indossat
endorsement Indossament
endorser Indossant
endowment Stiftung
endowment insurance Versicherung auf den Erlebensfall
energy conservation Energiesparen
energy crisis Energiekrise
engage anstellen, verpflichten
engaged besetzt
engagement Anstellung, Verabredung, Verpflichtung
engine Maschine, Motor
engineer Ingenieur, Techniker
engineering Maschinenbau, Technik
engineering change technische Änderung
enquiry Anfrage, Erkundigung, Nachforschung
enter eintragen
enterprise Unternehmen
entertainment Unterhaltung
entire gesamt
entirely ganz und gar, gänzlich, völlig
entitle berechtigen
entitlement Berechtigung
entrepreneur Unternehmer
entry Buchung, Eintragung
enumerate aufzählen, spezifizieren
environment Umwelt
equal gleich sein; gleichen
equally ebenso
equip ausrüsten, ausstatten
equipment Ausstattung, Geräte, Maschinen
equity capital Eigenkapital
equity of redemption Rückkaufsrecht
equity securities Aktien, mitgliedschaftliche Papiere
error Fehler, Irrtum, Versehen
errors and omissions Restposten der Zahlungsbilanz
errors excepted Irrtum vorbehalten
escalator clause Indexklausel
escheat heimfallen; Heimfall
escrow account Anderkonto
esp (especially) besonders
establish errichten, etablieren
establishment Gründung, Niederlassung, Unternehmen
estate Landbesitz, Nachlaß
estate tax Erbschaftsteuer
estimate schätzen; Kostenvoranschlag, Schätzung
estimated tax Steuervorauszahlung
EU (European Union) Europäische Union
event Ereignis, Fall
eventually schließlich
evict gerichtlich ausweisen, zur Räumung zwingen
eviction Exmittierung
eviction order Räumungsbefehl
evident ersichtlich, klar
exacting genau, streng
exaggerate übertreiben
examine prüfen
exceed überschreiten, übersteigen, übertreffen
excepting außer, mit Ausnahme von

excess überschüssig; Überschreitung, Überschuß
excess capacity Überkapazität
excess-profits tax Übergewinnsteuer
exchange umtauschen, wechseln; Börse, Geldwechsel, Tausch
exchange control Devisenkontrolle
exchange rate Wechselkurs
exchange risk Wechselkursrisiko
excise tax Verbrauchssteuer
excl (excluding, exclusive) ohne, ausschließlich
exclude ausschließen
excluding außer, nicht mitgerechnet
exclusion Ausschließung, Ausschluß
exclusive dealer Vertragshändler
exclusive distributorship Alleinvertretung
exclusive marketing Alleinvertrieb
exclusive right ausschließliches Recht, Exklusivrecht
ex dividend ex Dividende
ex drawing ex Ziehung
ex due Bezugsrecht
execute ausführen
execution Ausführung, Ausübung, Erfüllung
executive Führungskraft, leitender Angestellter
exempt befreit; befreien
exempt amount Freibetrag
exemption Ausnahme, Befreiung, Steuerfreibetrag
exercise anwenden, ausüben; Anwendung, Ausübung
ex factory price Preis ab Werk
exhibition Ausstellung
exhibitor Aussteller
existing vorhanden
expansion Ausbreitung, Erweiterung
expectation Erwartung
expenditure Aufwand, Aufwendungen, Ausgaben, Kosten
expense Aufwand, Kosten, Unkosten
expensive aufwendig, kostspielig, teuer
experience Erfahrung, Fachkenntnis
experienced erfahren, kundig, routiniert
expire ablaufen, erlöschen, ungültig werden
expiry Ablauf
exploitation Abbau, Ausbeutung, Ausnutzung
export ausführen, exportieren; Ausfuhr, Export
export merchant Ausfuhrhändler
expose aufdecken, aussetzen, bloßlegen
exposure Verbreitung in der Öffentlichkeit
ex quay ab Kai
ex ship ab Schiff
ext (extension) Nebenanschluß
extend ausdehnen, erweitern, stunden, verlängern
extension Erweiterung, Stundung, Verlängerung
extensive beträchtlich, umfassend
extent Ausmaß, Umfang
extort erpressen
extortion Erpressung
extract Auszug
extraordinary expenses außerordentliche Aufwendungen
ex works ab Werk

F

fabric Gewebe, Stoff
fabricate fertigen, herstellen
fabrication Fertigung, Herstellung
face value Nennwert
facility Anlage, Einrichtung
fact Faktum, Tatsache
factor einrechnen, fakturieren; Faktor, Kommissionär
factors of production Produktionsfaktoren
factory Fabrik, Werk
factory closure Betriebsschließung
factory discount Werksrabatt
factory management Werksleitung
factory overhead Fertigungsgemeinkosten
factory supplies Betriebsstoffe
factual sachlich, tatsächlich
fail Bankrott machen, versagen
failure Ausfall, Mißerfolg, Versäumnis
failure rate Ausfallrate
fair gerecht; Ausstellung, Fachmesse
fair and reasonable recht und billig
fair competition lauterer Wettbewerb
fair price angemessener Preis
fake fälschen; Fälschung
fallacy Trugschluß
fall behind in Rückstand geraten
fall due fällig werden
falling-off Abnahme, Rückgang
false advertising irreführende Werbung
falsification Fälschung
falsify fälschen
Fannie Mae (FNMA) Bundeshypothekenanstalt
fare Fahrgast, Fahrpreis
farm credit Agrarkredit
farmer Landwirt
farm exports Agrarexporte
farming Landwirtschaft
farm products Agrarprodukte
FAS (free alongside ship) frei Längsseite Schiff
fashion show Modenschau
fast tracker schneller Aufsteiger
fat cat wohlhabender Geschäftsmann
fatigue Ermüdung
fault Fehler, Schuld, Verschulden
faulty fehlerhaft, mangelhaft
favor Gefallen, Gefälligkeit, Gunst
favorable günstig
fear fürchten; Furcht
feasibility Durchführbarkeit
featherbedding Überbesetzung von Arbeitsplätzen
feature Besonderheit, Merkmal, Reportage
Fed (Federal Reserve System) Zentralbanksystem
federal agency Bundesbehörde
federal tax Bundessteuer
fee Gebühr, Honorar
feel bound to sich verpflichtet fühlen
fee simple estate unbeschränktes Grundstückseigentum
felon Verbrecher
felonious verbrecherisch
felony Verbrechen
fellow subsidiary Schwestergesellschaft
fictitious bill Kellerwechsel
fictitious firm Scheinfirma
fictitious profit Scheingewinn
fiduciary fiduziarisch, treuhänderisch; Treuhänder

fiduciary loan ungesichertes Darlehen
field audit Außenprüfung
field rep Außenvertreter
field service Außendienst
field staff Außendienstmitarbeiter
figure Betrag, Zahl
file Ablage, Akte, Aktenordner, Datei
filing Ablage, Einreichung
filing cabinet Aktenschrank
filing date Abgabefrist, Einreichungsfrist
filing office Anmeldestelle
filing system Ablagesystem
fill a vacancy eine freie Stelle besetzen
fill in ausfüllen
final deadline Anmeldeschluß
final dividend Abschlußdividende
finance finanzieren; Finanzwesen
finance broker Finanzmakler
finance charge Finanzierungskosten
finance company Finanzierungsgesellschaft
financial accounting Finanzbuchhaltung
financial adviser Finanzberater
financial assets Geldvermögen
financial backer Geldgeber
financial crisis Finanzkrise
financial cushion Finanzpolster
financial futures Finanztermingeschäfte
financial group Finanzkonzern
financial instruments Finanzpapiere
financial investment Finanzinvestition
financial management betriebliche Finanzwirtschaft
financial market Finanzmarkt
financial position Finanzlage
financial ratios finanzwirtschaftliche Kennzahlen
financial services Finanzdienstleistungen
financial squeeze finanzieller Engpaß
financial statement Jahresabschluß
financier Finanzier, Geldgeber
financing Finanzierung
finder's fee Vermittlungsprovision
finder's reward Finderlohn
find out ermitteln, feststellen
fine Geldbuße
fine print das Kleingedruckte
finish verarbeiten
fire entlassen, feuern
fire department Feuerwehr
fire insurance Feuerversicherung
fire resistive feuersicher
firm Betrieb, Firma, Unternehmen, Unternehmung
firm closing fester Schluß
firm deal Fixgeschäft
firm offer festes Angebot
firm order Festbestellung
first cost Anschaffungskosten
first economy offizielle Wirtschaft
first-hand direkt, unmittelbar
first insurer Erstversicherer
first mortgage erststellige Hypothek
first order Erstauftrag
first-rate erstklassig
fiscal fiskalisch; Haushaltsjahr
fiscal policy Fiskalpolitik
fiscal year Haushaltsjahr, Wirtschaftsjahr
fish stocks Fischbestände
fix festlegen, festsetzen, fixieren, in Ordnung bringen
fixed asset Anlagevermögensgegenstand
fixed assets Anlagevermögen, Inventar
fixed exchanged rate fester Wechselkurs

fixed-income fund Rentenfonds
fixed quotation Festnotierung
fixed salary Festgehalt
fixed term Festlaufzeit
fixing Feststellung
fixture Grundstücksbestandteil
flack Public-Relations-Mann
flagship Hauptgeschäft
flat fee Pauschalgebühr
flat-rate price Pauschalpreis
flaw Fabrikationsfehler, Fehler
flea market Flohmarkt
fleet Flotte, Wagenpark
flexitime gleitende Arbeitszeit
flier Flugblatt
flight Flucht, Flug
flight capital Fluchtkapital
flight of capital Kapitalflucht
flip chart klappbares Schaubild
float a loan Anleihe auflegen
floating debt kurzfristige Verbindlichkeiten
floating policy Abschreibepolice
floating rate of exchange flexibler Wechselkurs
flood the market den Markt überschwemmen
floor Börsenparkett, Tiefstpreis
floor member Börsenmitglied
floor price Mindestkurs
floor trader Parketthändler
flow chart Arbeitsablaufdiagramm
flow concept Flußgrößen-Ansatz
fluctuate schwanken
fluctuation Schwankung
fluent fließend
flush gut bei Kasse
fly-by-night unseriös, zweifelhaft; flüchtiger Schuldner
FNMA (Federal National Mortgage Association) Bundeshypothekenanstalt
FOB (free on board) frei an Bord
focus Brennpunkt, Mittelpunkt
folder Faltprospekt, Mappe, Schnellhefter
follow up nachgehen
follow-up letter Nachfaßbrief
foods Nahrungsmittelwerte
footnote Fußnote
FOR (free on rail) frei Bahnstation
forced gezwungen
forceful stark, wirkungsvoll
forebearance Unterlassung
forecast voraussagen; Voraussage
forecasting Prognoseerstellung
foreclose Zwangsvollstreckung betreiben
foreclosure Zwangsvollstreckung
foreign acceptance Auslandsakzept
foreign aid Auslandshilfe
foreign balances Devisenguthaben
foreign currency Fremdwährung
foreign currency exposure Fremdwährungsrisiko
foreign currency liabilities Fremdwährungsverbindlichkeiten
foreign exchange Devisen, Fremdwährung
foreign exchange account Devisenkonto
foreign exchange assets Devisenwerte
foreign exchange futures Devisentermingeschäfte
foreign exchange market Devisenmarkt
foreign exchange rate Devisenkurs
foreign tax credit Anrechnung ausländischer Steuern
foreman Vorarbeiter
forfeited verfallen
forger Fälscher
forgery Fälschung
forgo verzichten auf
form gründen; Formular
former ehemalig, früher
form requirement Formvorschrift

forthcoming bevorstehend, mitteilsam, redefreudig
fortune Reichtum, Vermögen
Fortune 500 die 500 reichsten US-Gesellschaften
forward befördern, schicken, senden
forward buying Terminkauf
forward commodity Terminware
forward cover Kurssicherung, Terminsicherung
forward delivery Terminlieferung
forward exchange Devisenterminbörse
forward exchange rate Devisenterminkurs
forwarding agent Spediteur
found gründen
foundation Gründung, Stiftung
founder Gründer
fragile zerbrechlich
frame Rahmen
frame of mind Gemütsverfassung, Stimmung
franchise Konzession
franchise tax Konzessionsteuer
franchising Konzessionserteilung
free kostenlos
free and clear schuldenfrei
free entry zollfreie Einfuhr
freelance freiberuflich; freiberuflich tätig sein
freelancer Freiberufler
free of charge kostenlos, unentgeltlich
free on rail (FOR) frei Bahnstation
free trade area Freihandelszone
freeze einfrieren; Stopp
freeze out verdrängen
freight Fracht, Frachtgebühr
freight contract Frachtvertrag
freight forwarder Spediteur
freight list Ladeverzeichnis
freight station Güterbahnhof
frequency Häufigkeit
frequent häufig, regelmäßig
fringe benefit zusätzliche Leistung neben dem Gehalt
front money Anfangskapital
frozen account gesperrtes Konto
frugal sparsam
frugality Sparsamkeit
fulfill erfüllen
fulfillment Ausführung, Erfüllung
full employment Vollbeschäftigung
full report vollständiger Bericht
full-time employee Vollzeitkraft
function Aufgabe, Obliegenheit, Pflicht
functionary Funktionär
fund finanzieren; Fonds
funding Finanzierung, Fundierung
fund raising Geldbeschaffung
funds finanzielle Mittel, Kapital
funny money Falschgeld
furnish liefern
future zukünftig; Zukunft
future commodity Terminware
futures Termingeschäfte, Terminwaren
futures contract Terminkontrakt
futures hedging Terminsicherung
futures quotation Terminnotierung

G

G 7 (Group of Seven) die sieben bedeutendsten Industrieländer (USA, Japan, Bundesrepublik Deutschland, Frankreich, Großbritannien, Kanada, Italien)
gadget Apparat, Gerät, Vorrichtung; leicht zu habendes, mit Zusatznutzen versehenes Haushaltsgerät
gain bekommen, erlangen, erreichen, gewinnen; Gewinn, Kursgewinn, Nutzen, Profit, Zuwachs
gainfully employed erwerbstätig
galloping inflation galoppierende Inflation
gamble spekulieren, spielen; Risiko, Wagnis
GAO (General Accounting Office) Bundesrechnungshof
gap Bresche, Leerstelle, Lücke, Spalt
garnishee Pfändungsschuldner
garnishment of wages Lohnpfändung
gas station Tankstelle
gather annehmen, entnehmen, folgern, sammeln, schließen
GATT (General Agreement on Tariffs and Trade) Allgemeines Zoll- und Handelsabkommen
gauge abschätzen, beurteilen, eichen
gaze starren; starrer Blick
GDP (gross domestic product) Bruttoinlandsprodukt (BIP)
general allgemein, gebräuchlich, üblich; General-, Haupt-
General Accounting Office (GAO) Bundesrechnungshof
General Agreement on Tariffs and Trade (GATT) Allgemeines Zoll- und Handelsabkommen
generalization Verallgemeinerung
generalize verallgemeinern
general journal Sammeljournal
general ledger Hauptbuch
general lien allgemeines Zurückbehaltungsrecht
general obligation bond Kommunalobligation
general partner Komplementär
general power Generalvollmacht
general revenue allgemeine Steuermittel
general terms allgemeine Geschäftsbedingungen (AGB)
general usage Verkehrssitte
generic product No-name-Produkt (ein ohne Werbung auf den Markt gebrachter Artikel des Handels)
generics austauschbare Güter, markenlose Produkte
generic term Oberbegriff
gentlemen's agreement Vereinbarung nach Treu und Glauben; Übereinkunft ohne formalen Vertrag
genuine aufrichtig, authentisch, echt, natürlich, ungekünstelt, unverfälscht
genuine parts Originalersatzteile
ghostwriter Ghostwriter (jemand, der für andere nach Vorgabe des Auftraggebers Artikel, Bücher, Reden schreibt und anonym bleibt)
gift Geschenk, Schenkung, Zugabe
gift-certificate Geschenkgutschein
gift credit zinsloses Darlehen
gift tax Schenkungssteuer

gilt vergoldet, golden
gilt-edged mit Goldrand, erstklassig
gilt-edged securities mündelsichere Wertpapiere
gilts Bezeichnung für britische Staatsanleihen
give-away price Schleuderpreis
given ausgefertigt, gegeben, in Anbetracht
glitch Panne, Versagen
global global, umfassend, weltumspannend, weltweit
global credit Rahmenkredit
globalization weltweite Ausdehnung
globalize weltweit ausdehnen
global player weltweit tätiger Anbieter
global sourcing weltweite Beschaffung von Auto-Einzelteilen
global warming Treibhauseffekt (Erwärmung der Erdatmosphäre)
gloom Pessimismus, Schwermut, Trübsinn
glut sättigen, überschwemmen; Fülle, Überangebot, Überfluß
GNP (gross national product) Bruttosozialprodukt (BSP)
goal Ziel
going concern erfolgreiches Unternehmen
going price Marktpreis, Tageskurs
goldbrick sich vor Arbeiten, Aufgaben drücken
goldbricker Drückeberger, Faulenzer
golden handshake finanzieller Anreiz zur Frühpensionierung
goods Güter, Ware
goods on consignment Kommissionsgüter
goodwill Firmenansehen, Firmenwert, Geschäftswert (auf Grund des Kundenkreises), guter Ruf, Wohlwollen
go-slow Bummelstreik, Dienst nach Vorschrift
government Regierung, Regierungsform, Staat
government bonds Staatsanleihen
government employee Angestellter des öffentlichen Dienstes
government securities Staatspapiere
govt (government) Regierung
grace Aufschub, Gnadenfrist, Nachfrist
grade Grad, Güteklasse, Handelsklasse, Qualität
gradual allmählich, stufenweise
graduate einstufen, staffeln
graft Bestechungsgelder, Korruption, Schiebung
grand bedeutend, groß, großartig; Groß-, Haupt-
grant bewilligen, erteilen, gewähren; Zuschuß, Unterstützung
graph Diagramm, Schaubild
graph paper Millimeterpapier
grateful dankbar
gratifying erfreulich
gratuity Bedienungsgeld, Gratifikation, Sondervergütung, Trinkgeld
graveyard shift Nachtschicht
greed Gier
greed for money Geldgier
greed for power Machtgier
greenback Dollarschein (wegen seiner grünen Rückseite)
greenhorn Grünschnabel, unerfahrener Neuling auf einem Gebiet
green issues Umweltfragen
gross brutto, gesamt; brutto einnehmen
gross domestic product (GDP) Bruttoinlandsprodukt (BIP)
gross earnings Bruttoverdienst
gross interest Bruttozins
gross margin Bruttogewinnspanne

gross national product (GNP) Bruttosozialprodukt (BSP)
gross output Bruttoproduktion
gross profit Bruttogewinn
ground Boden, Gebiet, Grund, Ursache
ground crew Bodenpersonal
groundwork Fundament, Grundlage
group Gruppe, Konzern
group rate Sammeltarif
growth Entwicklung, Wachstum, Zunahme, Zuwachs
growth policy Wachstumspolitik
growth rate Wachstumsrate
growth stock Wachstumsaktie
gr wt (gross weight) Bruttogewicht
gtd (guaranteed) garantiert
guar (guaranteed) garantiert
guarantee garantieren; Bürgschaft, Garantie, Sicherheit
guarantor Garantiegeber, Gewährsträger, Bürge
guard bewachen, schützen, sich hüten
guardian Vormund
guess erraten, raten, schätzen, vermuten; Annahme, Schätzung, Vermutung
guesstimate über den Daumen peilen; bloße Raterei, grobe Schätzung
guesswork Raterei, Vermutungen
guidance Anleitung, Belehrung, Unterweisung
guide anleiten, führen; Anhaltspunkt, Führer, Hinweis, Richtschnur
guidelines Richtlinien
guiding principle Leitlinie

H

habeas corpus keine Verhaftung ohne Gerichtsuntersuchung
haberdashery Herrenartikel
habit Gewohnheit
habitable bewohnbar
haggle over feilschen um
hammering the market intensive Leerverkäufe
hand Arbeiter, Arbeitskraft
handbill Handzettel
handle bearbeiten, erledigen
handling fee Bearbeitungsgebühr
handling of payments Zahlungsabwicklung
handout Pressemitteilung
hangover Rest, Überhang
hang up auflegen
happening spontane Veranstaltung
harbor Hafen
hardball rücksichtslose Geschäftstätigkeit
hard cash Bargeld
hard copy Ausdruck eines Bildschirminhaltes
hard currency harte Währung
hard goods langlebige Güter
hard hat Bauarbeiter
hard sell aggressiver Verkauf
hardship Entbehrung, Not
hard up knapp bei Kasse
have-nots die Habenichtse
haves die Betuchten
hawk feilbieten
hazard Gefahr, Risiko
hazardous gefährlich, risikoreich
HDTV (high-definition television) hochauflösendes Fernsehen
head Chef, Leiter
header Kopfzeile

headhunter Kopfjäger, der nach Führungskräften sucht
heading Rubrik, Überschrift
headline Schlagzeile
head office Hauptverwaltung
head of purchasing Einkaufsleiter
head-on location Spitzenplazierung
headquarters Firmensitz, Hauptgeschäftsstelle, Zentrale
health Gesundheit, Gesundheitszustand
health care system Gesundheitswesen
health food store Reformhaus
health insurance Krankenversicherung
hearing Anhörung
hearsay Hörensagen
hedge absichern, decken, sichern, Verluste begrenzen
hedge buying Sicherungskäufe
hedging cost Kurssicherungskosten
hedonic goods Genußgüter
heir Erbe
heiress Erbin
hence daher, deshalb, folglich
hesitate Bedenken tragen, zögern
heterogeneous verschiedenartig
heuristic Denkverfahren bei Problemlösung
hidden verborgen, verdeckt, versteckt
hidden assets stille Reserven
hidden inflation versteckte Inflation
hidden persuaders geheime Verführer
hidden tax verdeckte Steuer
hierarchy of needs Bedürfnishierarchie
high Höchstkurs
high-definition television (HDTV) hochauflösendes Fernsehen
high end obere Preisklasse
higher-yielding höherverzinslich
high flyer Senkrechtstarter
high-grade bond erstklassige Schuldverschreibung
high margin hohe Gewinnspanne
high payout hohe Dividendenausschüttung
high rise Hochhaus
high-risk risikoreich
high tech Spitzenentwicklung in der Technik
high yielder hochverzinsliches Wertpapier
high yield security hochverzinsliches Wertpapier
hire einstellen, mieten
hire purchase Mietkauf, Ratenkauf
hiring procedure Einstellungsverfahren
hit the bricks streiken
hock verpfänden
holder Besitzer, Inhaber
hold-harmless agreement Haftungsübernahmevertrag
holding Anteil, Besitz, Bestand, Beteiligung
holding company Dachgesellschaft
holdings of currency Währungsbestände
holdup Stockung, Störung, Verzögerung
holiday Feiertag, Ferien, Urlaub
holographic will eigenhändiges Testament
home appliance Haushaltsgerät
home loan association Bausparkasse
home office Hauptverwaltung
home port Heimathafen
home trade Binnenhandel
homogeneous homogen
honest anständig, ehrlich
honor a bill Wechsel einlösen
honorarium Honorar

hook Blickfang, Haken
horizontal combination horizontaler Zusammenschluß
horizontal expansion horizontales Wachstum
horizontal merger horizontaler Zusammenschluß
horizontal specialization Mehrliniensystem
horse trading Kuhhandel
hospitality Gastfreundschaft
hostile takeover feindliche Übernahme
hot issue heiße Emission
hot number Verkaufshit
hot seat Schleudersitz
house brand Hausmarke
household Haushalt
household effects Haushaltsgegenstände
householder Hausinhaber, Haushaltsvorstand
household waste Hausmüll
housing allowance Wohngeld
housing construction Wohnungsbau
huckster jemand, der in der Werbung tätig ist
huge riesig
human capital menschliches Kapital
human engineering Ergonomie
human factor menschlicher Faktor
human relations zwischenmenschliche Beziehungen
human resources Humankapital
human resources management Personalverwaltung, Personalwirtschaft
human resources planning Personalplanung
hurdle rate erwartete Mindestrendite
hush money Schweigegeld
hybrid bond zinsvariable Anleihe
hybrid financing Mischfinanzierung
hype übertriebene Werbung
hyperinflation Hyperinflation
hypothecate verpfänden
hypothesis Annahme, Hypothese, Theorie
hypothesize annehmen, voraussetzen

I

IBRD (International Bank for Reconstruction and Development) Internationale Bank für Wiederaufbau und Entwicklung, Weltbank
ICC (International Chamber of Commerce) Internationale Handelskammer
icon Symbol
ID (identification) Ausweis
ideal capacity Kapazitätsoptimum
idle capacity ungenutzte Kapazität
idle time Stillstandszeit
i.e. (id est, that is to say) das heißt
ignition Zündung
ignore keine Notiz nehmen von, nicht beachten
illegal alien Ausländer ohne Aufenthaltserlaubnis
illegal contract rechtswidriger Vertrag

illegal strike wilder Streik
illicit unerlaubt, verboten
illiquid illiquide
illuminated advertising Leuchtwerbung
illustrate erläutern, veranschaulichen
image polishing Imagepflege
imagination Phantasie
IMF (International Monetary Fund) Internationaler Währungsfonds (IWF)
immaterial nebensächlich, unwesentlich
immediate cover sofortiger Versicherungsschutz
immediate payment sofortige Zahlung
immovable property unbewegliches Vermögen
impact Wirkung, Wirksamkeit
impaired capital verringertes Kapital
impairment Eingriff, Minderung, Einbuße
impasse Sackgasse
imperfect market unvollkommener Markt
implement ausführen, durchführen; Werkzeug
implied angedeutet, stillschweigend
implied warranty stillschweigende Mängelhaftung
import einführen, importieren; Einfuhr, Import
import ban Importverbot
import duty Importzoll
importer Importeur
import quota Importquote
impose verhängen, vorschreiben
imposition Auferlegung
impossible condition unmögliche Bedingung
impound beschlagnahmen
imprest fund Bargeldkasse
improve verbessern
improved bebaut, erschlossen
improvement Besserung, Verbesserung
impulse buying Spontankauf
imputed cost kalkulatorische Kosten
imputed income fiktives Einkommen
imputed interest fiktive Zinsen
inability to pay Zahlungsunfähigkeit
inactive umsatzlos, umsatzschwach
inadvertently versehentlich
Inc. (incorporated) eingetragen
incapacity Unfähigkeit
incendiarism Brandstiftung
incentive Anreiz
incentive wage Leistungslohn
inchoate interest Anwartschaft
incidental expenses Nebenkosten
include aufnehmen, einbeziehen, einschließen
inclusive einschließlich
income Einkommen
income account Ertragskonto
income bond Gewinnobligation
income effect Einkommenseffekt
income fund Einkommensfonds
income group Einkommensgruppe
income on investment Kapitalertrag
income property Renditeobjekt
income redistribution Einkommensumverteilung
income return Rendite
income statement Gewinn- und Verlustrechnung
income tax Einkommensteuer
income tax return Steuererklärung
incoming orders Auftragseingang
incompetent unfähig
incomplete unvollständig
incontestable unanfechtbar

inconvenience belästigen, stören; Unannehmlichkeit, Ungelegenheit
inconvertibility Unkonvertierbarkeit
inconvertible unkonvertierbar
incorporate gründen
incorporation Gründung
incorporeal property immaterielle Gegenstände
increase erhöhen, zunehmen; Erhöhung, Zunahme
increasingly immer mehr, in zunehmendem Maße
increment Aufschlag, Wertzuwachs
incremental cost Grenzkosten
incur auf sich nehmen
incurred expenses entstandene Kosten
indefinite unbegrenzt, unbestimmt
indemnification Entschädigung
indemnify entschädigen
indemnity Abfindung, Entschädigung, Schadenersatz
indenture Anleihevertrag
independence Unabhängigkeit
independent unabhängig
independent contractor selbständiger Unternehmer
independent union unabhängige Gewerkschaft
index Index, Register
indexation Indexierung
indexed bond Indexanleihe
index fund Investmentfonds
index futures contract Indexterminkontrakt
index option Option auf einen Index
indicate angeben
indication Angabe, Hinweis
indigence Mittellosigkeit
indigent mittellos
indirect labor Lohngemeinkosten
indirect overhead Gemeinkosten
indirect production Umwegproduktion
indirect tax indirekte Steuer
indispensable unentbehrlich
individual bargaining Eigenwerbung
indivisible unteilbar
induce herbeiführen, veranlassen
inducement Anreiz, Antrieb
industrial industriell
industrial accounting Betriebsbuchhaltung
industrial bond Industrieobligation
industrial conflict Arbeitskampf
industrial consumer gewerblicher Abnehmer
industrial equities Industrieaktien
industrial espionage Wirtschaftsspionage
industrial goods Investitionsgüter
industrial issues Industriewerte
industrialist Industrieller
industrialization Industrialisierung
industrial park Industriepark
industrials Industrieaktien
industrial site Industriegelände
industry Gewerbe, Industrie
inefficiency Unwirtschaftlichkeit
inelastic starr, unelastisch
inferior minderwertig
inflation accounting inflationsneutrale Rechnungslegung
inflationary gap inflatorische Lücke
inflationary spiral Inflationsspirale
inflexible expenses fixe Kosten
inflow of orders Auftragseingang
influence beeinflussen; Einfluß
inform informieren
informal agreement formloser Vertrag
information Auskunft, Information

information overload Überbelastung durch Informationsflut
infringement Beeinträchtigung
ingenuity Einfallsreichtum
inherit erben
inheritance Erbschaft
in-house innerbetrieblich
initial capital Gründungskapital
initial cost Anschaffungskosten
initial salary Anfangsgehalt
injunction einstweilige Verfügung
injured party geschädigte Partei
injury Personenschaden, Verletzung
ink Berichterstattung, Reklame, Werbung
in kind in Sachwerten
inland marine insurance Binnentransportversicherung
input materials Einsatzmaterial
input price Faktorpreis
inquire sich erkundigen
inquiry Anfrage
insert Beilage
insolvency Zahlungsunfähigkeit
insolvent zahlungsunfähig
inspire confidence Vertrauen erwecken
installment Rate, Teilzahlung
installment purchase Ratenkauf
installment sale Teillieferungsvertrag
instead of anstelle, an Stelle von
institutional advertising Firmenwerbung
institutional investor institutioneller Anleger
institutional shareholder institutioneller Aktionär
in stock auf Lager
instructor Ausbilder
instrument begebbares Wertpapier
insufficient funds ungenügende Deckung
insulting beleidigend
insurable versicherungsfähig
insurable value Versicherungswert
insurance Versicherung
insurance company Versicherungsgesellschaft
insurance contract Versicherungsvertrag
insurance coverage Versicherungsdeckung
insurance scam Versicherungsbetrug
insure versichern
insured Versicherungsnehmer
insured deposits versicherte Einlagen
insurer Versicherungsgeber
intangible immateriell
intangible asset immaterieller Vermögensgegenstand
intangible value immaterieller Wert
integrate integrieren
integration Integration
integrity Rechtschaffenheit
intended user Endabnehmer
intention Absicht
interest Beteiligung, Zins, Zinsen
interest burden Zinsbelastung
interest forfeiture Zinsverzicht
interest income Ertragszinsen
interest payment Zinszahlung
interest rate ceiling Höchstzins
interest rates Zinssätze
interest rate tool Zinsinstrument
interest-sensitive zinsempfindlich
interface zusammenarbeiten; Schnittstelle, Zusammenarbeit
interfere beeinträchtigen, einmischen
interference Beeinträchtigung, Einmischung
interim audit Zwischenprüfung
interim closing Zwischenabschluß
interim financing Zwischenfinanzierung
interim report Zwischenbericht

interlocutory decree Zwischenurteil
intermediary Vermittler
intermediate goods Zwischenerzeugnisse
intermediate product Zwischenprodukt
intermediate term mittelfristig
intermittent production Werkstattfertigung
internal audit interne Revision
internal expansion internes Wachstum
internal revenue Steueraufkommen
Internal Revenue Service (IRS) amerikanische Finanzverwaltung
International Bank for Reconstruction and Development (IBRD) Internationale Bank für Wiederaufbau und Entwicklung, Weltbank
International Chamber of Commerce Internationale Handelskammer
International Monetary Fund (IMF) Internationaler Währungsfonds (IWF)
interpret auslegen, deuten, dolmetschen, interpretieren
interpreter Dolmetscher
interrogatories schriftliche Fragen
interstate zwischenstaatlich
interview befragen, interviewen; Interview, Vorstellungsgespräch
intestate ohne Hinterlassung eines Testaments
in the black in den schwarzen Zahlen
in the red in den roten Zahlen
intrinsic value intrinsischer Wert
introduce einführen, einleiten, hineinbringen
introduction Einführung
invent erfinden
invention Erfindung
inventory Bestandsaufnahme, Inventur
inventory control Lagerbestandskontrolle
inventory cushion Sicherheitsbestand
inventory financing Lagerfinanzierung
inventory shortage Beständeschwund
invest investieren
investigation Nachforschung, Untersuchung
investment Einlage, Investition, Kapitalanlage
investment adviser Anlageberater
investment dealer Wertpapierhändler
investment gap Investitionslücke
investment interest Beteiligung
investment manager Vermögensverwalter
investments Finanzanlagevermögen
invitation Ausschreibung, Einladung
invite ausschreiben, einladen
invoice berechnen, fakturieren, in Rechnung stellen; Faktura, Rechnung
involuntary unfreiwillig
IOU (I owe you) Schuldschein
irregulars fehlerhafte Erzeugnisse
irrevocable unwiderruflich
IRS (Internal Revenue Service) amerikanische Finanzverwaltung
ISBN (international standard book number) ISBN-Nummer
issue ausstellen, emittieren; Ausgabe, Ausstellung, Emission
issuer Aussteller, Emittent
item Artikel, Gegenstand, Posten
itemization Aufgliederung
itemize aufgliedern
itinerary Reiseroute

J

jack-of-all-trades Alleskönner, Hansdampf in allen Gassen
jawboning wirtschaftspolitische Überredungskunst
jingle gesungener Werbespruch
jnr (junior) junior
job Arbeit, Beschäftigung, Stellung, Tätigkeit
job bank Arbeitsplatz-Datenbank
jobber Großhändler, Wertpapierhändler
job classification Einteilung von Tätigkeiten
job cost sheet Kostensammelblatt
job description Stellenbeschreibung
job design Arbeitsplatzgestaltung
job evaluation Arbeitsplatzbewertung
job hopping häufiger Arbeitsplatzwechsel
job interview Vorstellungsgespräch
job killer Rationalisierungsmaßnahme, die Arbeitsplätze vernichtet
job order Arbeitsauftrag
job placement Arbeitsvermittlung
job satisfaction Arbeitszufriedenheit
job sharing Arbeitsplatzteilung
job ticket Laufkarte
joint account Gemeinschaftskonto
joint and several liability gesamtschuldnerische Haftung
joint and survivor annuity Überlebensrente
joint liability Gesamthandschuld
joint product cost Kosten der Kuppelprodukte
joint return gemeinsame Steuererklärung
joint tenancy Gesamteigentum
joint venture Gemeinschaftsunternehmen
journal Fachzeitschrift
journal entry Journalbuchung
journalize Journal führen
journal voucher Journalbeleg
journeyman Facharbeiter
Jr (junior) junior
judgment Gerichtsurteil, Urteil
judgment creditor Vollstreckungsgläubiger
judgment debtor Vollstreckungsschuldner
judgment proof unpfändbar
judicial foreclosure Zwangsversteigerung
junior lien nachrangiges Pfandrecht
junior mortgage nachrangige Hypothek
junk Plunder, Kram, Ramsch
junk bond Risikopapier, Wertpapier minderer Qualität
junk heap Abfallhaufen
junk mail Drucksachenflut, Papierkorbpost, Reklamezettel
junk pile Ausschußlager
junkyard Autofriedhof, Schrottplatz
jurisdiction Gerichtsbarkeit
jurisprudence Rechtswissenschaft
just compensation angemessene Entschädigung
justified berechtigt
justified price angemessener Marktpreis
justify rechtfertigen

K

keen eifrig, lebhaft, scharf
keen competition scharfer Wettbewerb
keep smiling Fassung bewahren
keep the minutes Protokoll führen
keep up to date auf dem neuesten Stand halten
key Chiffre, Lösung, Schlüssel, Taste
key account Großkunde, Hauptkunde
key accounts Schlüsselmärkte
key area Hauptbereich
key currency Leitwährung
key customer wichtiger Kunde
keynote Grundgedanke, Schwerpunkt
keystone Grundlage, Hauptgedanke, starke Stütze
kickapoo Werbe-Jargon für das Produkt eines Kunden
kickback Provision, Schmiergeld
killing großer Spekulationserfolg
king-size Großformat
kiting Ausschreiben von einem ungedeckten Scheck, Wechselreiterei
knockout price Schleuderpreis
know-how das Wissen, wie man eine Sache verwirklichen kann, Fachwissen, Sachverstand
knowingly absichtlich, wissentlich
knowledge industry Informationsindustrie
kudos Anerkennung, Lob für eine Leistung, Ruhm

L

lab Labor
label kennzeichnen; Etikett
labeling Kennzeichnung
labor Arbeitskräfte, Arbeitnehmer
labor agreement Tarifvertrag
laboratory Labor
laborer ungelernter Arbeiter
labor force Erwerbsbevölkerung
labor-intensive arbeitsintensiv
labor leader Gewerkschaftsführer
labor mobility Arbeitsmobilität
labor piracy Abwerbung
labor protection Arbeitsschutz
labor settlement Tarifabschluß
labor union Gewerkschaft
lack Mangel
lackey Lakai
lading Ladung
lag behind nachhinken, zurückbleiben
land Boden, Grundstück
land bank Landwirtschaftsbank
land contract Grundstückskaufvertrag
land improvement Grundstückseinrichtung
landlady Hauswirtin
landlord Hauseigentümer, Hauswirt, Vermieter
landmark Präzedenzfall
land price Bodenpreis
land tax Grundsteuer

land value Bodenwert
lane Spur
lapse ablaufen, verfallen; Ablauf, Verfall
lapsed policy verfallene Versicherungspolice
largely größtenteils, in hohem Maße
largess Großzügigkeit
last day Ultimo
lasting beständig, dauernd, dauerhaft
last quotation Schlußnotierung
latent defect geheimer Mangel
latitude Ermessensspielraum
latter letzterer
launch einführen; Einführung
laundering Geldwäsche
lavish verschwenderisch
law Gesetz, Recht
law of diminishing returns Gesetz vom abnehmenden Ertragszuwachs
layaway zurückgelegte Ware
layoff Personalfreisetzung
layout Aufmachung, Gestaltung
LBO (leveraged buyout) fremdfinanzierte Übernahme eines Unternehmens
leader Lockartikel
leading führend
leading question Suggestivfrage
lead time Bearbeitungszeit, Laufzeit
leaflet Flugblatt, Prospekt
lease mieten, vermieten, verpachten; Mietvertrag, Pachtvertrag
leasehold Pachtbesitz
lease with option to purchase Mietvertrag mit Kaufoption
leave instructions Anweisungen hinterlassen
leave of absence Beurlaubung
lecturer Dozent
ledger Hauptbuch
legacy Vermächtnis
legal action Prozeß
legal counsel Rechtsbeistand
legal document Urkunde
legal duty gesetzliche Pflicht
legal expense insurance Rechtsschutzversicherung
legal investment mündelsicheres Wertpapier
legal list Liste mündelsicherer Wertpapiere
legally binding rechtsverbindlich
legally bound gesetzlich verpflichtet
legal opinion Rechtsgutachten
legal right Rechtsanspruch
legal tender gesetzliches Zahlungsmittel
legislation gegebene Gesetze, Gesetzgebung
leisure freie Zeit, Muße
lend ausleihen, leihen, verleihen
lending charges Kreditkosten
lending institution Kreditanstalt
lending interest Kreditzinsen
less abzüglich
lessee Mieter, Pächter
lessen vermindern, verringern
lessor Vermieter, Verpächter
let vermieten
letter box company Briefkastenfirma
letter of advice Versandanzeige
letter of credit Akkreditiv; Kreditbrief
letter of intent Absichtserklärung
level debt service konstanter Schuldendienst
leverage Hebelwirkung
leveraged buyout (LBO) fremdfinanzierte Übernahme eines Unternehmens
levy besteuern, pfänden; Abgabe, Pfändung, Steuer
liabilities Passiva
liability Haftung, Schuld, Verbindlichkeit
liability insurance Haftplichtversicherung

liable haftbar, haftpflichtig, verantwortlich
libel Beleidigung, Verleumdung in Schriftform
liberalization Liberalisierung
librarian Bibliothekar
library Bibliothek
license genehmigen, Lizenz erteilen; Erlaubnis, Genehmigung, Lizenz
licensee Lizenzinhaber
licensor Lizenzgeber
lien Pfandrecht
life cycle Lebenszyklus
life expectancy Lebenserwartung
life insurance Lebensversicherung
life tenant Nießbraucher
lighterage Leichtergebühr
likely voraussichtlich, wahrscheinlich
limit begrenzen, beschränken
limitation Begrenzung, Einschränkung, Verjährung
limited liability company Gesellschaft mit beschränkter Haftung
limited partnership Kommanditgesellschaft
line Lieferprogramm, Sortiment
line and staff organization Stablinienorganisation
line in the sand letztes Angebot
line of credit Kreditlinie
line of work Berufszweig
link verbinden; Verbindung, Zusammenhang
liquid assets flüssige Mittel
liquidate liquidieren, zurückzahlen
liquidated damages Konventionalstrafe
liquidating value Liquidationswert
liquidation Abrechnung, Tilgung, Liquidation
liquidity Liquidität
liquidity ratio Liquiditätsgrad
lis pendens anhängiges Verfahren
list aufführen, verzeichnen
listed security notiertes Wertpapier
listed stock notierte Aktie
listing contract Maklervertrag
listing requirements Zulassungsvorschriften
list price Listenpreis
litigant Prozeßpartei
litigation Rechtsstreit
litmus test Nagelprobe
live broadcast Livesendung
living Lebensunterhalt
load beladen, laden; Belastung, Ladung
loaded mit Geld im Überfluß ausgestattet, sehr wohlhabend
loading Beladen, Belastung mit Nebenkosten
loan Anleihe, Darlehen, Kredit
loan commitment Kreditzusage
loan maturities Kreditlaufzeiten
loan shark Kredithai
loan-to-value ratio (LTV) Beleihungsquote
loan value Beleihungswert
lobster shift Nachtschicht
local örtlich
local call Ortsgespräch
local currency Landeswährung
locate ausfindig machen, finden
lockout Aussperrung
Lombard Bankier, Geldleiher
Lombard rate Lombardsatz
long Inhaberpapier
long bond Langläufer
long-distance call Ferngespräch
long position Hausse-Position
long-range langfristig
longshoreman Hafenarbeiter
long-term bond langfristige Anleihe
long-term debt langfristige Schulden
long-term loan langfristiges Darlehen

loophole Gesetzeslücke, Schlupfloch
loose money policy Niedrigzinspolitik
loss Schaden, Verlust
loss carryback Verlustrücktrag
loss carryforward Verlustvortrag
loss leader Lockartikel
loss of income Einkommensverlust
lot Grundstück, Partie, Parzelle, Posten
lot size Auftragsgröße, Losgröße
low Tiefstkurs
lower ermäßigen, herabsetzen
lower of cost or market Niederstwert
Ltd (limited) mit beschränkter Haftung
LTV (loan-to-value ratio) Beleihungsquote
lucrative gewinnbringend, lukrativ
lump-sum Pauschalbetrag, Pauschale
lump-sum purchase Kauf in Bausch und Bogen
luxury Luxus
luxury goods Luxusgüter
luxury tax Luxussteuer

M

machine bearbeiten; Maschine
machine tool Werkzeugmaschine
macroeconomic gesamtwirtschaftlich
macroeconomics Makroökonomik
Madison Avenue Werbung im allgemeinen
magalog Versandhauskatalog
magnate Großindustrieller, Magnat
mail verschicken; Post
mailer Versandtasche
mailing list Adressenliste
mail order Versandhandel
mail order catalog Versandhauskatalog
mainly größtenteils, hauptsächlich, vorwiegend
maintain aufrechterhalten, halten, instandhalten, warten
maintenance Instandhaltung, Wartung
maintenance bond Leistungsgarantie
maintenance fee Kontoführungsgebühr
major account Großkunde
majority Mehrheit, Volljährigkeit
majority stockholder Mehrheitsaktionär
major shareholder Großaktionär
make ends meet durchkommen, seinen Lebensunterhalt bestreiten können
maker Aussteller, Hersteller
make-work Arbeitsbeschaffungsmaßnahme
male nurse Krankenpfleger
malingerer Drückeberger, Simulant
mall Einkaufszentrum mit überdachter Geschäftsallee
malpractice Fahrlässigkeit, Kunstfehler
malpractice insurance Berufshaftpflichtversicherung
mammon Geld, Reichtum
manage disponieren, führen, leiten

managed account treuhänderisch verwaltetes Konto
management Arbeitgeber, Geschäftsleitung, Unternehmensführung
management audit Prüfung der Managementfähigkeit
management by exception Management durch Ausnahmeentscheidung
management by objectives Führung durch Zielvorgabe
management company Kapitalanlagegesellschaft
management fee Konsortialgebühr
management ratio Anzahl der Manager auf 1000 Beschäftigte
manager Geschäftsführer, leitender Angestellter, Manager
managerial accounting entscheidungsorientiertes Rechnungswesen
managerial grid Verhaltensgitter
managing director geschäftsführendes Vorstandsmitglied
mandate Auftrag, Mandat
mandatory obligatorisch
mandatory retirement Zwangspensionierung
man-hour Arbeitsstunde
man of means Mann in guten finanziellen Verhältnissen
manpower Arbeitskräfte, Personal
manual manuell; Bedienungsanleitung, Handbuch
manual labor ungelernte Arbeitskräfte
manual skill manuelle Geschicklichkeit
manufacture fertigen, herstellen, produzieren; Herstellung, Produktion
manufacturer Fabrikant, Hersteller
manufacturing Fertigung, Herstellung, Produktion
margin Deckungsbeitrag, Gewinnspanne, Marge
margin account Effektenkreditkonto
marginal cost Grenzkosten
marginal producer Grenzproduzent
marginal propensity to consume (MPC) marginale Konsumquote
marginal revenue Grenzerlös
marginal tax rate Grenzsteuersatz
marginal utility Grenznutzen
margin of profit Gewinnspanne
marine insurance Seeversicherung
mark down Preis herabsetzen
markdown Preissenkung
marked ausgeprägt, bemerkenswert, markant
market verkaufen, vermarkten; Absatzgebiet, Absatzmarkt, Markt
marketable absatzfähig, börsenfähig, handelsfähig
marketable security börsenfähiges Wertpapier
marketable title Eigentumsrecht ohne Belastungen
market analysis Marktanalyse
market area Absatzgebiet
market basket Warenkorb
market index Börsenindex
marketing Maßnahmen zur Absatzförderung, Marketing, Vertrieb
marketing manager Absatzleiter
market leader Marktführer
market order Wertpapierverkaufsauftrag ohne Limit
market penetration Marktdurchdringung
marketplace Markt
market price letzter Kurs, Marktpreis, Marktwert
market profile Marktprofil
market research Marktforschung

market rigging Kursmanipulation
market segmentation Marktsegmentierung
market share Marktanteil
market trend Preistendenz
market value Marktwert, Tageswert
mark up Preis heraufsetzen
markup Gewinnaufschlag
mart Finanzmarkt
mass communication Massenkommunikation
mass media Massenmedien
mass production Massenproduktion
mastermind leiten, organisieren, planen; Genie, Kapazität
master plan Gesamtplan
master scheduling Gesamtplanung
material erheblich, wesentlich; Material, Werkstoff
material on order bestelltes Material
materials handling Materialtransport
matter Angelegenheit, Sache
mature fällig, reif; fällig werden
matured liability fällige Schuld
maturity Ende einer Frist, Fälligkeit, Verfall
maturity date Fälligkeitstag
maturity period Laufzeit
maximum capacity Betriebsmaximum
maximum price Höchstpreis
maximum utility Nutzenmaximum
mean bedeuten; Durchschnitt
means Mittel, Vermögen
means of transportation Beförderungsmittel
meant for bestimmt für
measure Maß, Maßnahme
measurement Abmessung, Messung
measure of value Wertmaßstab
mechanization Mechanisierung
media Medien
mediate vermitteln
mediation Vermittlung
mediator Schlichter, Vermittler
medium-term bond mittelfristige Anleihe
meet the requirements den Anforderungen entsprechen
megabucks riesige Menge Geld
megamerger Mammutfusion
member of the board Vorstandsmitglied
memo Notiz, Vermerk
memorandum Memorandum, Notiz, Vermerk
memorandum of association Gründungsurkunde
memory Erinnerung, Gedächtnis, Speicherkapazität
mend flicken, reparieren
mention angeben, erwähnen; Erwähnung
mercantile auf Handel beruhend, zum Handel gehörend
mercantile exchange Produktenbörse
merchandise Handelsware, Ware, Waren
merchandise allowance Händlernachlaß
merchandise sample Warenprobe
merchandising Verkaufsförderung und Verkaufspolitik
merchant Händler, Kaufmann
merchantable handelsfähig, leicht absatzfähig, marktgängig
merchant bank Handelsbank, Investitionsbank
mere bloß, nichts weiter als
merge fusionieren
merger Fusion, Vereinigung, Verschmelzung
merit increase Leistungszulage
merit pay Leistungslohn
merit rating Leistungsbeurteilung

message Mitteilung
meter Zähler
microeconomics Mikroökonomie
middleman Mittler, Vermittler, Zwischenhändler
middle management mittlere Führungsschicht
midnight shift Nachtschicht
migratory worker Wanderarbeiter
mill Fabrik, Mühle
millions großes Vermögen
mine Bergwerk, Mine
miner Bergmann
minimum wage Mindestlohn
minor kleiner; Minderjähriger
miscellaneous divers, verschieden
miser Geizhals
mislay verlegen
misleading irreführend
mismanage abwirtschaften
mismanagement Mißwirtschaft
miss verpassen
missing fehlend
mistake falsch verstehen, mißverstehen; Mißgriff, Verwechslung
mistake of law rechtlicher Irrtum
misunderstanding Mißverständnis
misuse mißbrauchen; Mißbrauch
mitigating circumstances mildernde Umstände
mixed economy Mischwirtschaft
mockup Attrappe, Nachbildung, Schaupackung
model home Modellhaus
moderate leicht, mäßig, moderat
modest bescheiden, maßvoll
modify abändern
mogul mächtiger Geschäftsmann
mom and pop store Tante-Emma-Laden
monetarism Monetarismus
monetary base Geldbasis
monetary holdings Geldbestand
monetary policy Geldpolitik
monetary target Geldmengenziel
money Geld
moneybags sehr wohlhabende Person
moneychanger Geldwechsler
moneyed reich, wohlhabend
money income Geldeinkommen
moneylender Geldleiher
money market Geldmarkt
money of payment Zahlungswährung
money supply Geldmenge
money turnover Geldumlauf
monger Händler, Krämer, Macher
monitor überwachen
monopolize monopolisieren
monopoly Monopol
monthly report Monatsbericht
moonlighting Nebenbeschäftigung
mortality rate Sterblichkeitsziffer
mortality table Sterbetafel
mortgage hypothekarisch belasten; Hypothek
mortgage-backed bond Hypothekenpfandbrief
mortgage bank Hypothekenbank, Realkreditinstitut
mortgage bond Hypothekaranleihe
mortgage credit Hypothekarkredit
mortgage debt Hypothekenschuld
mortgage discount Damnum
mortgagee Hypothekengläubiger
mortgage insurance Hypothekenversicherung
mortgage lien Hypothekenpfandrecht
mortgagor Hypothekenschuldner
mortmain unveräußerliches Gut
motion study Bewegungsstudie
motivate motivieren
motivation Motivation
motivational research Motivforschung
motive Beweggrund

movement Marktbewegung, Preisbewegung
moving average gleitender Durschschnitt
moving expense Umzugskosten
MPC (marginal propensity to consume) marginale Konsumquote
MS (manuscript) Manuskript
Ms Anrede für unverheiratete oder verheiratete Frauen
multicolumn journal Mehrspaltenjournal
multimedia mehrere Medien einbeziehend; Multimedien
multinational corporation multinationales Unternehmen
multiple pricing Preisdifferenzierung
multiplier Multiplikator
municipal bond Kommunalobligation
municipal tax Gemeindesteuer
munificence Freigebigkeit
munificent freigebig, großzügig
mutual gegenseitig, wechselseitig
mutual fund Investmentfonds
mutuality Gegenseitigkeit, Wechselseitigkeit

N

nabob sehr reicher Mann
nail down festnageln, unter Dach und Fach bringen
naked option Nacktoption, nicht abgesicherte Option
naked position ungesicherte Position
name nennen, benennen; Kreditnehmer
named peril policy Police mit benannten Risiken
name file Namensregister
namely das heißt, nämlich
name of the game um was es geht
narrow eng, knapp, schmal; schmälern
national advertising landesweite Werbung
national bank Staatsbank
national debt Staatsverschuldung
national expenditure volkswirtschaftliche Gesamtausgaben
national income Volkseinkommen
nationalization Verstaatlichung
nationalize verstaatlichen
national wealth Volksvermögen
natural business year natürliches Geschäftsjahr
naturalization Einbürgerung
natural person natürliche Person
natural rate of interest natürlicher Zins
natural resources Bodenschätze
nature Art, Charakter
nd (no date) ohne Datum
nearby in der Nähe
near money Quasigeld
neat gepflegt, sauber
necessitate erfordern, notwendig machen
need Bedarf, Bedürfnis
need satisfaction Bedürfnisbefriedigung
needy bedürftig
needy circumstances ärmliche Umstände
negate verneinen
negation Verneinung
negative balance Minussaldo
negative carry Netto-Bestandshaltekosten
negative cash flow Einnahmeunterdeckung

negative income tax negative Einkommensteuer
negative leverage negativer Leverage-Effekt
negative report Fehlanzeige
neglect vernachlässigen, versäumen
negligence Fahrlässigkeit, Nachlässigkeit
negligent fahrlässig
negligible geringfügig
negotiable bankfähig, begebbar, durch Indossament übertragbar
negotiable instrument begebbares Wertpapier
negotiable securities durch Indossament übertragbare Wertpapiere
negotiate abschließen, abhandeln, verhandeln
negotiated price ausgehandelter Preis
negotiation Aushandlung, Verhandlung
neighborhood store Nachbarschaftsladen
nepotism Vetternwirtschaft
nest egg Notgroschen, Rücklage
net nach allen Abzügen, netto, rein; netto einnehmen
net assets Eigenkapital, Nettovermögen
net asset value Liquidationswert
net book value Nettobuchwert
net cost Nettokosten
net current assets Betriebskapital, Nettoumlaufvermögen
net earnings Nettogewinn, Nettoverdienst
net income Nettoeinkommen, Reingewinn
net income percentage of sales Umsatzrendite
net loss Reinverlust
net national product Nettosozialprodukt
net operating income Nettobetriebserfolg
net operating loss Nettobetriebsverlust
net operating profit Nettobetriebsgewinn
net present value Kapitalwert
net proceeds Auszahlung, Reinertrag
net profit Reingewinn
net profit margin Nettoumsatzrendite
net purchases Nettoeinkaufswert
net rate Nettorisikoprämie
net salary Nettogehalt
net sales Nettoverkaufserlöse
netting out Saldierung
network Netzwerk, Sendenetz
net working capital Nettoumlaufvermögen
net worth Eigenkapital
net yield Nettorendite
never-never Ratenkauf
nevertheless trotzdem
newcomer Aufsteiger, Neuankömmling
new issue Neubegebung
new offering Neuemission
news Nachrichten
news agency Nachrichtenagentur
news blackout Nachrichtensperre
newscaster Nachrichtensprecher
newsdealer Zeitschriftenhändler
news flash aktuelle Meldung
new share junge Aktie
newspaper subscription Zeitungsabonnement
newsprint Zeitungspapier
next of kin nächster Verwandter
niggardly knauserig
night shift Nachtschicht
no. (numero, number) Nummer
no-fault ohne Prüfung der Verschuldensfrage
nolo contendere plea Urteilsanerkenntnis
nominal account Erfolgskonto
nominal amount Nennbetrag

nominal damages symbolischer Schadenersatz
nominal interest rate Nominalzins
nominal price Nennwert
nominal sum sehr niedriger Betrag
nominal wage Nominallohn
nominal yield Nominalverzinsung
nominate benennen, vorschlagen
nominee Benannter, Kandidat
nominee sharholding anonymer Aktienbesitz
nonacceptance Akzeptverweigerung, Nichtannahme
noncallable bond unkündbare Anleihe
noncompeting nicht konkurrierend
noncompliance Nichteinhaltung, Zuwiderhandlung
nonconforming nicht vertragsgemäß
noncontributory beitragsfrei
noncontrollable cost nicht beeinflußbare Kosten
noncumulative preferred stock nichtkumulative Vorzugsaktie
noncurrent assets Anlagevermögen
non-deductible nicht abzugsfähig
nondelivery Nichtlieferung
nondurable goods Verbrauchsgüter
nonessential nebensächlich, unwesentlich
nonforfeitable unverfallbar
nonmember bank Nichtmitgliedsbank
nonnegotiable bill nichtbegebbarer Wechsel
nonoperating expense betriebsfremder Aufwand
nonpar share nennwertlose Aktie, Quotenaktie
nonpayment Nichtzahlung
nonperformance Nichterfüllung
nonproductive department allgemeine Kostenstelle
nonproductive labor Gemeinkostenlohn
nonprofit nicht gewinnorientiert
nonprofit enterprise gemeinnütziges Unternehmen
nonrecourse regreßlos
nonrecurring einmalig, nicht wiederkehrend
nonrenewable nicht ersetzbar
nonresident Nichtortsansässiger
nonreturnable bottle Einwegflasche
nonstock corporation rechtsfähiger Verein
nonsufficient funds keine Deckung
nontaxable nicht steuerpflichtig
nonverbal communication wortlose Kommunikation
nonvoting stock stimmrechtslose Aktie
no-par stock nennwertlose Aktie
norm Maßstab, Norm, Regel
normal load Normalbelastung
normal pace Normalgeschwindigkeit
normal performance Normalleistung
normal price üblicher Preis
normal profit Normalgewinn
normal return Normalrendite
normal wear and tear normale Abnutzung
normative economics normative Wirtschaftswissenschaft
no-strike clause Streikverbotsklausel
notable beachtlich, bemerkenswert
notarize notariell beglaubigen
notary public Notar
note bemerken, notieren, vermerken; Mitteilung, Note, Notiz
notes payable Wechselverbindlichkeiten

notes receivable Wechselforderungen
noteworthy nennenswert
notice beachten, bemerken; Aushang, Kündigung, Wahrnehmung
noticeable deutlich, erkennbar, sichtbar
notice clause Kündigungsklausel
notice of damage Schadenmeldung
notice of defect Mängelrüge
notice of receipt Eingangsvermerk
notice to quit Kündigung
notification Benachrichtigung, Mitteilung
notification of damage Schadensanzeige
notify anzeigen, benachrichtigen, mitteilen
notions Kurzwaren
not nearly bei weitem nicht
novation Erneuerung eines Schuldverhältnisses, Novation
novel neu, neuartig
novelties Krimskrams
novelty Neuheit, Novum
nt wt (net weight) Nettogewicht
nuclear power Kernkraft
nuclear power station Kernkraftwerk
nuisance Belästigung, Störung
nuisance value Störfaktor
null and void null und nichtig, unwirksam
nullification Aufhebung, Nichtigkeitserklärung
nullify aufheben, für nichtig erklären
number cruncher Buchhalter, Computer, Rechnungsprüfer
numbered account Nummernkonto
numerous zahlreich
nuts and bolts praktische Aspekte

O

oath Eid
oath of office Amtseid
objection Bedenken, Einspruch, Einwendung
objective objektiv; Ziel, Zielsetzung
objective value objektiver Wert
obligation Verbindlichkeit, Verpflichtung, Wertpapier
obligation to pay Obligo, Zahlungspflicht
obligation to report Meldepflicht
obligatory bindend, obligatorisch, verpflichtend
oblige binden, verpflichten
obligee Gläubiger
obliging entgegenkommend
obligor Schuldner
observation period Beobachtungszeitraum
observe beachten, beobachten, einhalten
obsolescence Veralten, Veralterung
obsolete überholt, veraltet
obtainable erhältlich
occasional gelegentlich
occupancy Innehaben, Wohndauer
occupant Besitzer, Bewohner, Inhaber
occupation Beruf, Beschäftigung
occupational analysis Arbeitsplatzanalyse
occupational disease Berufskrankheit

occupational hazard Berufsrisiko
occur geschehen, vorkommen
occurrence Ereignis, Vorkommnis
ocean marine insurance Seeversicherung
odd seltsam, ungerade
odd job Gelegenheitsarbeit
odd lot Bruchschluß
odds and ends Krimskrams, Ramschware, Reste
of age mündig, volljährig
offend beleidigen, verstoßen
offense Anstoß, Beleidigung, Vergehen, Verstoß
offer anbieten; Angebot, Offerte
offer and acceptance Angebot und Annahme
offeree Empfänger eines Angebots
offerer Anbietender, Antragender
offering Anbieten, Angebot, Emission
offering circular Kurzprospekt
offering price Ausgabepreis
offer price Angebotspreis
office Amt, Büro, Geschäftsstelle
office boy Laufbursche
office building Bürogebäude
office equipment Büroausstattung
office hours Geschäftszeit, Sprechstunde
officer leitender Angestellter, Vorstandsmitglied
office worker Büroangestellter
official Beamter, Funktionär
officialdom Beamtentum
officialese Behördensprache
official exchange rate amtlicher Wechselkurs
officialism Amtsmethoden, Amtsschimmel
official quotation amtliche Notierung
offload ausladen, entladen
off-peak außerhalb der Hauptzeiten
off season Nebensaison, tote Saison
offset aufrechnen; Aufrechnung
offset account Verrechnungskonto
off the balance sheet bilanzunwirksam
off the books Zahlung ohne Bücher
off time Freizeit
oil producing country Ölförderland
oil spill Ölunfall
omission Auslassung, Unterlassung
omit auslassen, unterlassen
omnibus account Gemeinschaftskonto
on account gegen Kredit
on business geschäftlich
on consignment in Konsignation
on demand auf Verlangen, bei Sicht, bei Vorlage
one best way optimale Methode
one-line store Spezialgeschäft
one-page spread einseitige Anzeige
one-product economy Monokultur
onerous lästig, mühsam, schwerwiegend
one-shot deal einmaliges Geschäft
one-time buyer Einmalkäufer
on margin purchase Kauf gegen Kredit
on order bestellt
on sale im Angebot
on sight bei Sicht
on tap vorrätig
on the company auf Kosten der Firma
on the house auf Kosten des Hauses
on-the-job training Ausbildung am Arbeitsplatz
on the premises an Ort und Stelle

on time pünktlich, rechtzeitig
on trial auf Probe
OPEC (Organization of Petroleum Exporting Countries) Organisation erdölexportierender Länder
open account Kontokorrent, offene Rechnung
open bid offenes Angebot
open check Barscheck
open contracts offene Positionen
open credit Blankokredit
open-door policy Politik der offenen Tür
open economy offene Volkswirtschaft
open-ended offen, unbegrenzt, zeitlich nicht begrenzt
open-end investment company offene Investmentgesellschaft
open-end lease offenes Leasing
opening freie Stelle
opening bid erstes Gebot
opening inventory Warenanfangsbestand
opening offer Einführungsangebot
opening quotation Eröffnungskurs
open interest ausstehende Kontrakte
open item offenstehender Betrag
open line of credit offene Kreditlinie
open market freier Markt, offener Markt
open-market committee Offenmarktausschuß
open-market operations Offenmarktgeschäfte
open-market rates Offenmarktsätze
open-mindedness Aufgeschlossenheit
open office area Bürolandschaft
open order jederzeit widerruflicher Auftrag
open outcry offener Ausruf
open plan office Großraumbüro
open price Eröffnungskurs
open space unbebautes Gelände
operate bedienen, betreiben, handeln, vorgehen
operate in the black schwarze Zahlen schreiben
operating cost betriebsübliche Aufwendungen
operating cycle betriebliche Durchlaufzeit
operating expense Betriebskosten
operating income Betriebsergebnis, Betriebsgewinn
operating instructions Betriebsanleitung
operating license Betriebserlaubnis
operating loss Betriebsverlust
operating profit Betriebsgewinn
operating ratio Erfolgskennziffer
operating result Betriebsergebnis
operating system Betriebssystem
operational einsatzbereit
operational audit interne Revision
operational control laufende Überwachung
operational experience Betriebserfahrung
operations Betriebstätigkeit
operations research Planungsforschung
operator das Fräulein vom Amt, Schieber, Spekulant, Unternehmer
opinion Ansicht, Gutachten, Meinung, Stellungnahme
opinion leader Leitbild, Meinungsmacher
opponent Gegner
opposing party Gegenpartei
opportune günstig, vorteilhaft
opportunity Chance, Gelegenheit, Möglichkeit
opportunity cost entgangener Gewinn aus alternativer Verwendung, Opportunitätskosten

oppresive drückend
opt optieren, sich entscheiden für
optimize optimieren
optimum Bestwert
optimum financing mix optimale Kapitalstruktur
option Option, Vorkaufsrecht, Wahl
optional wahlweise
option holder Optionsinhaber
option on new stock Bezugsrecht
opt out nicht mehr mitmachen, sich anders entscheiden
oral contract mündlicher Vertrag
orbit Umlaufbahn
order anordnen, bestellen; Auftrag, Bestellung
order bill of lading Orderkonnossement
order book Auftragsbuch
order card Auftragskarte
order entry Auftragserfassung
order form Bestellformular, Bestellschein
ordering date Bestelltermin
order-point system Bestellpunktsystem
order processing Auftragsabwicklung
order quantity Bestellmenge
order value Bestellwert
ordinance Verordnung
ordinary gewöhnlich, normal
ordinary annuity nachschüssige Annuität
ordinary income gewöhnliche Einkünfte
ordinary interest gewöhnlicher Zins
ordinary share Stammaktie
organization Betrieb, Einrichtung, Organisation
organizational chart Organisationsplan
organization cost Gründungskosten
organization development Organisationsentwicklung
organize organisieren
organized labor gewerkschaftlich organisierte Arbeitnehmer
orientation Einführung
original capital Gründungskapital
original cost Anschaffungskosten
original entry Grundbuchung
original inventor Ersterfinder
original investment Gründungseinlage
origination fee Gebühr für Hypothekendarlehen
originator Auftraggeber, Urheber
oscillate schwanken
other deductions sonstiger Aufwand
other income sonstige Erträge
other party Gegenseite
otherwise anders, sonst
outbid überbieten
outdoor advertising Außenwerbung
outdoor staff im Außendienst tätige Mitarbeiter
outfit ausrüsten, ausstatten
outlet Absatzmarkt, Verkaufsstelle
outlet store Einzelhandelsgeschäft
outline umreißen; Übersicht, Umriß
out-of-date unmodern, veraltet
out of force ungültig
out-of-pocket expenses Barauslagen
out of print vergriffen
out of stock nicht vorrätig
output Arbeitsleistung, Ausstoß, Produktionsmenge
outright deal normales Offenmarktgeschäft
outrun übersteigen
outsourcing Fremdbeschaffung
outstanding ausstehend, hervorragend, rückständig, unbezahlt

outstanding accounts Forderungen
outstanding capital stock ausstehende Aktien
outstanding debt Forderung
overage Überschuß
overall global
overall budget Gesamtbudget
overall capacity Gesamtkapazität
overall debt exposure Gesamtverbindlichkeiten
overall return Unternehmensrentabilität
over and above zusätzlich zu
over-and-short account Kassenbestandsdifferenz
overbearing überheblich
overbooked überbucht
over budget Budgetüberschreitung
overburden überladen, überlasten
overcharge zuviel berechnen, zuviel verlangen
overdraft Überziehung, Überziehungskredit
overdraw überziehen
overdrawal überzogene Summe
overdrawn überzogen
overdue überfällig
overhead Gemeinkosten
overhead distribution Gemeinkostenumlage
overhead variance Gemeinkostenabweichung
overheating Überhitzung
overindebtedness Überschuldung
overinsured überversichert
overissue Überemission
overload überladen, überlasten
overlook übersehen
overpay überzahlen
overpayment Überzahlung
overpriced überbewertet
override außer Kraft setzen
overrun Überschreitung
overseer Aufseher
overshoot überschreiten
overtake überholen
over-the-counter market Freiverkehr
over-the-counter medicine rezeptfreie Medikamente
overtime Überstunden
overtrading Überspekulation
overvalued überbewertet
owe schulden
owing to infolge, wegen
own besitzen
own consumption Eigenverbrauch
owner Besitzer, Eigentümer, Inhaber
owner's equity Eigenkapital
ownership Eigentum, Eigentumsrecht

P

p. (page) Seite
p.a. (per annum) pro Jahr
pacesetter Schrittmacher
package paketieren, verpacken; Packung, Paket
package deal Pauschalangebot
package design Verpackungsdesign
packaged goods abgepackte Ware
package freight Stückgutfracht
package insert Packungsbeilage
package offer Pauschalangebot

packaging Packungsgestaltung, Verpackung
packaging laws Verpackungsvorschriften
packet Kleinpaket
packing density Verpackungsdichte
packing list Packliste
packing slip Packzettel
pad Block, Polster
padding Füllmaterial
paid-in capital eingezahltes Kapital
paid-in surplus zusätzlich eingezahltes Kapital
painstaking sorgfältig
panic buying Angstkäufe
paper Referat, Wertpapier
paperback Taschenbuch
paper bid Umtauschangebot
paper clip Büroklammer
paper loss nicht realisierter Kursverlust
paper money Papiergeld
paper profit Scheingewinn
par pari
paralegal Rechtshelfer
parcel Paket
parcel of land Grundstück, Parzelle
parcel receipt Paketempfangsschein
parent company Muttergesellschaft
par exchange rate amtlicher Wechselkurs
par issue Pari-Emission
parity Parität
parity change Paritätsänderung
parity price Paritätskurs
parley verhandeln; Verhandlungen
parsimonious geizig
parsimony Geiz
part company with sich trennen von
partial teilweise
partial amount Teilbetrag
partial cancellation Teilstornierung
partial delivery Teillieferung
partial disability verminderte Erwerbsfähigkeit
partial issue Teilemission
partial payment Abschlagzahlung, Teilzahlung
partial shipment Teillieferung, Teilsendung
partial withdrawal Teilliquidation
participant Teilhaber, Teilnehmer
participate sich beteiligen, teilhaben, teilnehmen
participating beteiligt
participating insurance Versicherung mit Selbstbehalt
participating preferred stock Vorzugsaktie
participation Anteil, Beteiligung
participation certificate Anteilsschein
participation in the profits Gewinnbeteiligung
participation loan Konsortialkredit
participative leadership partizipative Führung
participatory teilnehmend
particular besonders, einzeln, speziell
particulars Einzelheiten, nähere Angaben
partition aufteilen; Grundstücksteilung, Trennwand
partner Gesellschafter, Teilhaber
partnership Kooperation, Partnerschaft, Personengesellschaft
partnership agreement Gesellschaftsvertrag
partnership capital Gesellschaftskapital
partnership insurance Teilhaberversicherung
part-time Teilzeit
part-time worker Teilzeitkraft

party concerned Interessent
par value Nennwert
par value stock Aktie mit Nennwert
par value system Paritätssystem
passage of title Eigentumsübergang
passbook Sparbuch
passed dividend rückständige Dividende
passing vorübergehend
passive trade Einfuhrhandel
pass on abwälzen
pass over übergeben, übergehen
pass-through security Wertpapier mit laufenden Zinszahlungen
past due überfällig
patent patentieren; Patent
patent application Patentanmeldung
patent holder Patentinhaber
patent infringement Patentverletzung
patent medicine rezeptfreie Medikamente
patent pending Patent angemeldet
paternalism paternalistische Betriebsführung
patron Förderer, Gast, Kunde
patronage Kundschaft
patronage dividend Gewinnausschüttung, Rückvergütung
patronizing gönnerhaft, herablassend
pat solution Patentlösung
paucity Mangel
pauper Armer
pauperism Armut
pavement Bürgersteig, Gehweg
pawn verpfänden, versetzen; Pfand
pawnbroker Pfandleiher
pawnshop Leihhaus, Pfandhaus
pawn ticket Pfandschein
pay bezahlen, zahlen, sich rentieren; Bezahlung, Gehalt, Lohn
payable fällig, zahlbar
payable on demand zahlbar bei Sicht
payables Verbindlichkeiten
pay as you go Zahlung nach Wunsch des Kunden
pay back zurückzahlen
payback Rendite, Rückzahlung
payback period Amortisationszeit
pay by installments in Raten zahlen
paycheck Gehaltsscheck, Gehaltsüberweisung
payday Zahltag
payee Zahlungsempfänger
pay envelope Lohntüte
payer Zahlender
pay in advance im voraus zahlen
paying agent Zahlstelle
payload Nutzlast
paymaster Zahlmeister
payment Bezahlung, Zahlung
payment date Zahlungstermin
payment in due course Zahlung bei Fälligkeit
payment method Zahlungsweise
payment on account Abschlagszahlung, Akontozahlung
payment order Zahlungsauftrag
pay off abbezahlen, tilgen
payola Bestechungsgeld, Schmiergeld
payout Auszahlung, Rendite, Rückzahlung
pay pattern Lohnstruktur
pay raise Gehaltserhöhung
payroll Gehaltsliste
payroll deduction Lohnabzug
payroll register Lohnliste
pay talks Tarifverhandlungen
PC (personal computer) Personalcomputer
pc (percent) Prozent
peak Höchststand
peak capacity Maximalkapazität
peak demand Spitzenbedarf
peak income Spitzeneinkommen

peak season Hochsaison
pecking order Hackordnung
peculation Geldunterschlagung, Veruntreuung
pecuniary finanziell, pekuniär
pecuniary benefit Vorteil in Geld
peddle feilbieten, verkaufen
peddler Hausierer
pedestrian mall Fußgängerzone
peg festsetzen; Aufhänger
pegged exchange rate fester Wechselkurs
pegged price gestützter Kurs
penal code Strafgesetzbuch
penalty Strafe, Geldstrafe, Konventionalstrafe
penalty rate of interest Strafzins
pending anhängig, schwebend
pending transactions schwebende Geschäfte
penetration pricing Penetrationspreispolitik
penny-pincher Pfennigfuchser
penny-pinching knauserig
penny-wise sparsam in Kleinigkeiten
pension fund Pensionsfonds
pension plan Pensionskasse
pension scheme Pensionsplan
penury Armut, Not
people intensive personalintensiv
per capita pro Kopf
percent Prozent
percentage Prozentsatz
per diem pro Tag
perfected security interest registriertes Sicherungsrecht
performance Leistung
performance appraisal Leistungsbewertung
performance bond Leistungsgarantie
performance fee Leistungsprämie
performance stock Aktie mit hohem Wertzuwachs
peril Gefahr, Risiko
perilous gefährlich
peril point kritischer Punkt
period Dauer, Frist, Periode
period cost Periodenkosten
periodic periodisch, regelmäßig
periodical Zeitschrift
period to run Laufzeit
perishables leicht verderbliche Ware
perjury Meineid
perk Nebenleistung, Vergünstigung
permanent difference Dauerabweichung
permanent financing Dauerfinanzierung
permit erlauben; Erlaubnis, Genehmigung
perpetual ewig, ständig
perpetual bond Annuitätenanleihe
per pro. (by proxy) im Auftrag, per Prokura
perquisite Nebenleistung, Vergünstigung
per se an sich
personal backround Werdegang
personal data sheet Lebenslauf
personal holding company kleine Holding
personal identity number Geheimnummer
personal injury Personenschaden
personal liability unbeschränkte Haftung
personal property bewegliche Sache
personal selling Haustürverkauf
personnel Belegschaft, Personal
personnel department Personalabteilung
persuader Überredungskünstler
persuasion Überredung
persuasive überzeugend
persuasiveness Überredungskunst, Überzeugungskraft
petition Antrag, Gesuch

petty cash kleine Kasse
petty damage Bagatellschaden
pharmacist Apotheker
physical commodity physische Ware
physical inventory körperliche Bestandsaufnahme
physical market Kassamarkt
picket Streikposten aufstellen; Streikposten
piece rate Stücklohnsatz
piece work Akkordarbeit
pie chart Kreisdiagramm
piercing the corporate veil Haftungsdurchgriff
piggyback huckepack; Huckepackverkehr
piggybacking die Aktienkäufe eines Kunden kopieren
piggy bank Sparschwein
pilfer entwenden, stehlen
pilferage geringfügiger Diebstahl
pilot run Probelauf
PIN (personal identification number) Geheimnummer
pink slip Kündigungsschreiben
pin money Nadelgeld
pit Maklerstand
pitch Verkaufsmasche
placement test Einstufungstest
place of work Arbeitsstelle
place utility räumlicher Nutzen
plagiarism Plagiat
plagiarist Plagiator
plagiarize plagiieren
plaintiff Kläger
planned obsolescence bewußt eingebauter Verschleiß
planning commission Planungsausschuß
plant Betrieb, Industrieanlage, Werk
plant area Betriebsfläche
plant capacity Betriebskapazität
plastic Kreditkarte
pleading formalrechtlicher Schriftsatz
pleased erfreut
pledge verpfänden; Verpfändung
pliers Zange
plot of land Grundstück, Parzelle
plow back reinvestieren, wieder hineinstecken
plug Schleichwerbung
plumber Installateur, Klempner
plus Pluswert
p.m. (post meridiem) nachmittags, abends
point Punkt
point-of-purchase advertising Werbung an der Verkaufsstelle
point of sale Verkaufsort
poison pill eine Strategie, die eine feindliche Übernahme verhindern soll
policy Police, Politik
policyholder Versicherter
policy loan Policendarlehen
political economy politische Ökonomie
poll tax Kopfsteuer
pollution Umweltverschmutzung
pool Interessengemeinschaft
pooling of accounts Kontenzusammenlegung
poor arm, schlecht, schwach
popular press Boulevardpresse
population Bevölkerung
port Hafen, Hafenstadt
porter Gepäckträger, Pförtner
portfolio Depot von Wertpapieren
portfolio management Vermögensverwaltung
portfolio manager Vermögensverwalter
portion Anteil, Teilbetrag
port of call Anlaufhafen
port of destination Bestimmungshafen
port of registry Heimathafen
positioning Positionierung
position trader Spekulant
positive carry Nettogewinn
possess besitzen
possession Besitz

possessive besitzergreifend, habgierig
possessor Besitzer
post Post, Posten, Stelle
postage Porto
postage meter Frankiermaschine
postdate vordatieren
postdated check vordatierter Scheck
poste restante postlagernd
posting Übertragung, Versetzung
postpone aufschieben, vertagen
postponement Aufschub, Verschiebung, Vertagung
poverty Armut
poverty line Armutsgrenze
power Energie, Kraft, Macht, Befugnis
powerful kraftvoll, leistungsstark
power of attorney Vollmacht
power plant Kraftwerk
pp (pages) Seiten
ppd (prepaid) vorausbezahlt
PPI (producer price index) Erzeugerpreisindex
PR (public relations) Öffentlichkeitsarbeit
practical capacity Betriebsoptimum
practitioner Praktiker
precaution Vorsichtsmaßnahme
precede vorausgehen
preceding vorhergehend
preclude ausschließen
preclusive buying Ausschlußkauf
predecessor Vorgänger
predict voraussagen
prediction Voraussage
preemptive right Bezugsrecht, Vorkaufsrecht
prefabricate vorfertigen
prefer vorziehen
preference Vorrang, Vorzug
preferential creditor bevorrechtigter Gläubiger
preferred dividend Vorzugsdividende
preferred stock Vorzugsaktie
preliminary vorläufig
preliminary agreement Vorvertrag
preliminary prospectus vorläufiger Prospekt
premarket price vorbörslicher Kurs
premises Anwesen, Geschäftsräume, Räumlichkeiten
premium Prämie
premium bond Agioanleihe
premium income Prämienaufkommen
premium pay Lohnzuschlag
prenuptial agreement Ehevertrag
prepaid vorausbezahlt
prepaid expense transitorisches Aktivum
preparation Vorbereitung
prepare ausarbeiten, vorbereiten
prepayment Vorauszahlung
prerequisite Voraussetzung
prescribe verschreiben, vorschreiben
prescription Rezept, Verordnen
prescriptive normativ
presentation Darbietung, Präsentation, Vorlage
present value Gegenwartswert
preserve erhalten
president Generaldirektor
press agency Presseagentur
press kit Pressemappe
press release Pressemitteilung
pressure Belastung, Druck
prestige Ansehen, Prestige
prestige advertising Prestigewerbung
presume annehmen, vermuten
presumption Vermutung
pretax vor Steuern
pretty penny große Summe Geld
prevail handelsüblich sein, maßgebend sein
prevent verhindern, vorbeugen
preventive maintenance vorbeugende Instandhaltung
previous vorhergehend

price berechnen, bewerten; Kurs, Wert, Preis
price bracket Preisklasse
price ceiling Höchstpreis
price control Preiskontrolle
price discrimination Preisdiskriminierung
price-earnings ratio Kurs-Gewinn-Verhältnis
price elasticity Preiselastizität
price fixing Preisabsprache
price index Preisindex
price leader Preisführer
price level Preisniveau
price list Preisliste
price rigging illegale Preisbindung
price scanner Scanner
price support Preisstützung
price tag Preisschild
pricey kostspielig, teuer
pricing Preiskalkulation, Preispolitik
pride Stolz
prima facie allem Anschein nach
primary primär
primary demand Hauptbedarf
primary distribution Neuemission
primary earnings per share tatsächlicher Gewinn pro Aktie
primary insurer Hauptversicherer
primary market Primärmarkt
primary market area Hauptabsatzgebiet
primary package Grundverpackung
prime contractor Hauptunternehmer
prime cost Einzelkosten
prime paper erstklassige Wertpapiere
prime rate Zinssatz für Kredite für erste Adressen
principal Auftraggeber, Darlehensbetrag, Kapital
principal amount Kapitalbetrag
principal and interest Kapital und Zinsen
principal debtor Hauptschuldner
principal stockholder Hauptaktionär
principal sum Hauptsumme
print drucken; Druck, Schrift
printed form Vordruck
printer Drucker
priority Priorität, Vorrang
prior period Vorperiode
prior-preferred stock erststellige Vorzugsaktien
private enterprise freies Unternehmertum
privately held in Privatbesitz
private means Privatvermögen
private property Privateigentum
privation Armut, Not
privatize privatisieren
privileged bevorrechtigt
prized possession wertvollster Besitz
pro Profi
probability Wahrscheinlichkeit
probate gerichtliche Testamentsbestätigung
probationary period Probezeit
proceed fortfahren, verfahren
proceedings Verfahren
proceeds Erlös
process verarbeiten; Verfahren
procurement Beschaffung
prodigality Verschwendungssucht
produce herstellen, produzieren; Agrarprodukte
producer Hersteller, Produzent
producer cooperative Produktionsgenossenschaft
producer goods Produktionsgüter
producer price index Erzeugerpreisindex
product Erzeugnis, Produkt
product differentiation Produktdifferenzierung

product image Produktimage
production Herstellung, Produktion
production control Fertigungssteuerung
production line Fertigungsstraße
production manager Produktionsleiter
production model Serienmodell
production (line) worker Produktionsarbeiter
productivity Produktivität
product liability Produkthaftung
product life cycle Produktlebenszyklus
product line Produktlinie, Sortiment
product manager Produktmanager
product research Produktforschung
profession Beruf, Berufsstand
professional beruflich, fachmännisch, professionell; Fachmann
profit Gewinn, Profit
profitability Rentabilität
profitability audit Rentabilitätsprüfung
profitable gewinnbringend, rentabel
profit and loss statement Gewinn- und Verlustrechnung
profiteer Profitjäger
profiteering Preistreiberei
profit incentive Anreiz durch Gewinnchancen
profit margin Gewinnspanne
profit sharing Gewinnbeteiligung
profit-sharing plan Gewinnbeteiligungsplan
profit squeeze Gewinndruck
profit taking Gewinnmitnahme
program programmieren; Programm, Sendung
program budgeting Programmbudget
programmer Programmierer
program trading Programmhandel
progress Fortschritt
progressive tax progressive Steuer
progress payments Abschlagszahlungen
project planen, überschlagen; Projekt, Unternehmen, Vorhaben
project cost Projektkosten
projection Projektion
prole Prolet
proletarian proletarisch; Proletarier
promise versprechen, zusagen; Versprechen, Zusage, Zusicherung
promising aussichtsreich, vielversprechend
promissory note Schuldschein
promote befördern, fördern, werben für
promotion Beförderung, Verkaufsförderung, Werbekampagne
promotion money Gründungsvergütung
prompt note Ermahnung
pronounce erklären
proof of loss Schadennachweis
proper passend, richtig
propertied begütert
property Besitz, Besitztum, Eigentum
property developer Häusermakler
property management Immobilienverwaltung
property market Immobilienmarkt
property owner Haus- und Grundbesitzer
property rights Eigentumsrechte
property tax Vermögenssteuer
proportional tax Proportionalsteuer

proportionate angemessen, entsprechend
proprietary article Markenartikel
proprietary interest Eigenkapitalanteil
proprietary lease Dauernutzungsrecht
proprietary rights Eigentumsrechte
proprietor Besitzer, Inhaber, Eigentümer
proprietorship Eigentum
pro rata anteilig
prorate anteilmäßig verteilen
proration anteilmäßige Verrechnung
pros and cons Pro und Kontra
prospect Aussicht, Interessent
prospective buyer aussichtsreicher Kunde
prospectus Prospekt, Verzeichnis
prosperity Wohlstand
prosperous florierend, gutgehend, wohlhabend
protect schützen
protection Schutz
protectionism Protektionismus
protective tariff Schutzzoll
protest Einspruch, Protest
protocol Protokoll
proven bewährt, erprobt
provision Bestimmung, Vorschrift
provisional provisorisch, vorläufig
proviso Bedingung, Vorbehalt
proxy Handlungsvollmacht, Stellvertreter
proxy statement Stimmrechtsvollmacht
prudence Umsicht
prudent umsichtig
psychologist Psychologe
p.t.o. (please turn over) bitte wenden
public öffentlich; Öffentlichkeit
public accountant Buchsachverständiger, Wirtschaftsprüfer
public assistance staatliche Fürsorge
publication Veröffentlichung
public carrier öffentlicher Frachtführer
public company Aktiengesellschaft
public corporation öffentliche Körperschaft
public debt Verschuldung der öffentlichen Hand
public demand öffentliche Nachfrage
public domain Eigentum der Öffentlichkeit
public holiday gesetzlicher Feiertag
public interest öffentliches Interesse
public issue öffentliche Emission
publicity Reklame, Werbung
publicize an die Öffentlichkeit bringen, Reklame machen
public limited company Aktiengesellschaft
publicly held company Publikumsgesellschaft
public offering öffentliches Zeichnungsangebot
public opinion öffentliche Meinung
public ownership öffentliches Eigentum
public prosecutor Staatsanwalt
public relations Öffentlichkeitsarbeit
public relations officer Pressesprecher
public sector staatlicher Sektor
public servant Arbeitnehmer im öffentlichen Dienst
public service öffentlicher Dienst
public utility öffentlicher Versorgungsbetrieb
public works öffentliche Bauvorhaben

publish herausgeben, veröffentlichen
publisher Verleger
publishing Verlagswesen
puff hochjubeln
puffery übertriebenes Lob in der Werbung
pump priming Ankurbelung
punctuality Pünktlichkeit
punitive damages extrem hoher Schadenersatz
punter Spekulant
purchase anschaffen, kaufen; Anschaffung, Einkauf, Kauf
purchase discount Skonto
purchase money mortgage Restkaufgeldhypothek
purchase of shares Kauf von Anteilen
purchase on account Kreditkauf
purchase order Auftrag, Bestellung
purchase price Einkaufspreis
purchaser Abnehmer, Käufer
purchasing department Einkaufsabteilung
purchasing power Kaufkraft
purpose Zweck
purse Geldbörse, Gelder, Preisgeld
purser Zahlmeister
purse strings Finanzen
push money Verkaufsprämie
pushover Kinderspiel, leichtes Opfer
put Verkaufsoption
putative mutmaßlich, vermeintlich
put option Verkaufsoption
put-up job abgekartetes Spiel
pyramid selling Schneeballsystem

Q

qty (quantity) Anzahl, Menge
qualification Einschränkung, Qualifikation
qualified befähigt, geeignet, qualifiziert
qualified endorsement eingeschränktes Indossament
qualified opinion eingeschränkter Bestätigungsvermerk
qualified sale Verkauf unter Eigentumsvorbehalt
qualify einschränken, qualifizieren, sich als befähigt erweisen
qualifying charakterisierend, geeignet
qualifying period Probezeit
qualitative qualitativ
quality Beschaffenheit, Qualität, Wert
quality assurance Qualitätssicherung
quality control Maßnahmen zur Erhaltung und Verbesserung der Produkte
quality engineering technische Qualitätsentwicklung
quality management Qualitätsüberwachung
quality of life Lebensqualität
qualms Bedenken, Skrupel
quantify der Menge nach bestimmen
quantity Menge, Quantität
quantity discount Mengenrabatt
quarter Quartal
quarterly vierteljährlich, Vierteljahresschrift

quarterly account vierteljährlicher Rechnungsabschluß
quasi contract vertragsähnliches Schuldverhältnis
quay Kai, Schiffslandeplatz
query befragen; Frage
questionable fraglich
questionnaire Fragebogen
queue Schlange stehen; Menschenschlange
quick assets Aktiva hoher Liquiditätsstufe
quick fix Patentlösung
quick money flüssige Mittel
quick ratio Liquiditätsgrad
quick storming sehr schnelle Ideenfindung in der Gruppe
quid pro quo Gegenleistung
quintessence das Wesentliche einer Sache, Inbegriff
quirk seltsame Angewohnheit
quorum beschlußfähige Anzahl
quota Kontingent, Quote
quotable zitierfähig
quota sample Quotenstichprobe
quota setting Kontingentierung
quotation Preisnotierung, Zitat
quote Kurse notieren, Preis angeben, zitieren
quoted company börsennotierte Gesellschaft
quoted value Kurswert
q.v. (quod vide = which see) siehe auch

R

racket Schwindelgeschäft
rack rent Wuchermiete
rag paper Hadernpapier
raider Ausschlachter von Unternehmen
rail charges Bahnfracht
rain insurance Regenversicherung
rainmaker leitender Angestellter mit besonderen Fähigkeiten
raise aufnehmen, erhöhen; Gehaltserhöhung
raise a matter ein Thema anschneiden
raise the ante Einsatz erhöhen
rally sich erholen; Erholung
rally in prices Kurserholung
random digit Zufallszahl
random sample Zufallsstichprobe
random walk Zufallsweg
range Bereich, Spannweite
range of dispersion Streuwert
rank and file Belegschaft, die breite Masse
ransom Lösegeld
rapport Beziehung, enges Verhältnis
ratable anteilig
rate Kurs, Preis, Satz
rate adjustment Zinsanpassung
rate base Bemessungsgrundlage
rate card Anzeigenpreisliste
rate differential Zinsgefälle
rate of exchange Wechselkurs
rate of inflation Inflationsrate
rate of interest Zinssatz
rate of return Rentabilität
rates Gemeindeabgaben
rate setting Festsetzung der Lohnsätze
ratification Ratifizierung
rating Bewertung, Bonitätsprüfung
ratio Kennzahl, Verhältnis
ratio analysis Kennziffernanalyse
ratio estimate Verhältnisschätzung

ration zuteilen; Zuteilung
rationing Rationierung
raw data Rohdaten
raw deal unfaire Behandlung
raw goods Roherzeugnisse
raw land unerschlossene Grundstücke
raw material Rohstoff
R&D (research and development) Forschung und Entwicklung
readily bereitwillig
reading abgelesener Meßwert
readjustment Korrektur, Wiederanpassung
ready money jederzeit verfügbares Geld
Reaganomics angebotsorientierte Wirtschaftspolitik
real account Bestandskonto
real earnings Realeinkommen
real estate Immobilien, Liegenschaften
real estate broker Grundstücksmakler, Immobilienmakler
real estate company Immobiliengesellschaft
real estate credit Immobilienkredit
real estate investment trust Immobilienfonds
real estate market Immobilienmarkt
real estate mortgage Hypothek
real estate owner Grundstückseigentümer
real income Realeinkommen
real interest rate Realzins
realizable value Veräußerungswert
realize realisieren, veräußern
realized gain realisierter Gewinn
real property Grundeigentum, Immobilien, unbewegliche Sachen
real rate of interest Effektivverzinsung
realtor Immobilienmakler
realty unbewegliche Sachen
real wages Reallohn
reappraisal Neuschätzung
reappraise neubewerten
rearrange ändern, neu ordnen
reasonable angemessen, vernünftig, zumutbar
reassessment Neuveranlagung
reassuring beruhigend
rebate Preisnachlaß, Rabatt
recall abberufen, rückrufen; Rückruf
recall campaign Rückrufaktion
recall notice Rückrufanzeige
recapitulate kurz zusammenfassen
recapitulation Zusammenfassung
recapitalization Kapitalumschichtung
recapture Nachholbesteuerung
recapture of depreciation eingeholte Abschreibung
receipt quittieren; Eingang, Kassenbon, Quittung
receipts Einnahmen
receivables Außenstände, Forderungen
receivables turnover Umschlaggeschwindigkeit der Forderungen
receive empfangen
receiver Empfänger, Konkursverwalter
receivership Konkursverwaltung
receiving department Warenannahme
receiving note Ladeschein
receiving report Eingangsmeldung
recently vor kurzer Zeit
reception Empfang
receptionist Empfangsdame
recession Abschwung, Flaute, Rezession
recipient Empfänger
reciprocal bond Revers
reciprocal buying wechselseitige Lieferbeziehungen
reciprocity Gegenseitigkeit

reckoning Kalkulieren, Rechnen
reclassify umgruppieren
recognition Anerkennung
recognize anerkennen, erkennen
recommended price empfohlener Preis
recompense entschädigen; Entschädigung
reconcile abstimmen
reconciliation Abstimmung
recondition aufarbeiten, wiederinstandsetzen
reconditioning Generalüberholung
reconstruction Umbau, Wiederaufbau
reconveyance Rückübereignung
record aufschreiben, eintragen; Bericht, Eintragung, Protokoll
record date Dividendenstichtag
recording Erfassung
recoup wettmachen
recourse Regreß, Rückgriff
recourse claim Regreßforderung
recovery Aufschwung, Wiedererlangung
recruitment drive Anwerbungskampagne
rectification Berichtigung
rectify berichtigen, richtigstellen
recur wiederkehren
recurrence Wiederholung
recurrent wiederkehrend
recycling Wiederverwertung
redeem ablösen, einlösen, tilgen
redeemable bond Tilgungsanleihe
redeemable loan Tilgungsdarlehen
redemption Rückzahlung, Tilgung
redemption fund Tilgungsfonds
redemption period Tilgungsdauer
redemption price Rückzahlungskurs
redevelop sanieren
redevelopment Sanierung
rediscount rediskontieren; Rediskont
rediscount rate Rediskontsatz
red tape Amtsschimmel, Papierkrieg
reduce ermäßigen, herabsetzen
reduced rate ermäßigter Satz
reduction Kürzung, Reduzierung, Senkung
reduction in value Wertminderung
redundant nicht nötig, überflüssig
refer sich beziehen auf, verweisen
referee Sachverständiger, Schiedsrichter
reference Bezugnahme, Hinweis
reference book Nachschlagewerk
references Empfehlungen, Referenzen
referral Verweisung
refinance refinanzieren
refinancing Refinanzierung
reflation Reflation
refund rückerstatten, zurückzahlen; Rückerstattung, Zurückzahlung
refunding Umfinanzierung
refusal Ablehnung
regional bank Regionalbank
register anmelden, eintragen
registered per Einschreiben
registered bond eingetragene Obligation
registered design Gebrauchsmuster
registered mail Einschreiben
registered representative Kundenbetreuer
registered security Namenspapier
registrar Registerstelle
registration Anmeldung, Eintragung
registration office Anmeldestelle
regress Rückgriff

regression analysis Regressionsanalyse
regressive tax regressive Steuer
regret bedauern; Bedauern
regrettable bedauerlich
regular geregelt, regelmäßig
regularity Regelmäßigkeit
regular-way settlement Regelerfüllung
regulate regulieren
regulated industry regulierter Wirtschaftszweig
regulation Regel, Vorschrift
reimburse entschädigen, rückerstatten
reimbursement Entschädigung, Rückerstattung
reinforce verstärken
reinstatement Wiedereinsetzung
reinsurance Rückversicherung
reinsure rückversichern
reinvest reinvestieren
reinvestment rate Wiederanlagesatz
reject ablehnen, zurückweisen
rejection Ablehnung, Annahmeverweigerung
relation Beziehung, Verhältnis
release entlassen, freigeben; Freigabe
release date Freigabedatum
relegate degradieren, weiterleiten
reliability Zuverlässigkeit
reliable zuverlässig
relief Abhilfe, Entlastung
relieve entheben, entlasten
relieved beruhigt, erleichtert
relocate verlagern, verlegen; Standort wechseln
reluctant widerstrebend, widerwillig
remain bleiben
remainder Restbestand
remainderman Nacherbe
remaining restlich, übrig
remedy abhelfen, beheben; Abhilfe
reminder Mahnschreiben, Mahnung
remit überweisen
remittance Überweisung
remittee Überweisungsempfänger
remnant Rest, Überbleibsel
removal Umzug
removal bond Zollbürgschaft
remuneration Bezahlung, Entgelt, Honorar
renegotiate neu aushandeln
renew erneuern, wiederaufnehmen
renewable natural resource erneuerbare Ressourcen
renewal Erneuerung, Wiederaufnahme
rent mieten; Miete
rental fee Mietgebühr
rental income Mieteinkommen
rental property Mietobjekt
rental rate Leihgebühr
rent control Mietpreisbindung
rented floor space Mietfläche
rent out vermieten
rent restriction Mietpreisüberwachung
rent supplement Mietzuschuß
reopener clause Revisionsklausel
reorganization Umstrukturierung
reorganize sanieren, umorganisieren
rep Vertreter
repair reparieren; Reparatur
repairman Mechaniker
reparation Entschädigung
repatriation of capital Kapitalrückführung
repay entschädigen für, zurückzahlen
repayment Rückzahlung
repetition Wiederholung
replace ersetzen
replacement cost Wiederbeschaffungskosten
replacement investment Ersatzinvestition

replacement value Wiederbeschaffungswert
reply antworten; Antwort
repo Rücknahme
report berichten; Bericht
reporting data Berichtsdaten
repossess wieder in Besitz nehmen
repossession Rücknahme
represent vertreten
representative charakteristisch, typisch; Beauftragter, Vertreter
repressive tax repressive Steuer
reprisal Vergeltungsmaßnahme
reproduction cost Wiederbeschaffungskosten
repudiate nicht anerkennen, zurückweisen
repudiation Zurückweisung
repurchase zurückkaufen; Rückkauf
reputable angesehen
reputation Ansehen, Ruf
request for proposals Aufforderung zur Angebotsabgabe
require benötigen, brauchen, erfordern, verlangen
required rate of return angestrebte Mindestverzinsung
requirement Bedarf, Bedingung, Erfordernis, Voraussetzung
requisition Anforderung
resale Weiterverkauf
reschedule umschulden
rescission Rücktritt
research and development Forschung und Entwicklung
research department Forschungsabteilung
researcher Forscher
resell weiterverkaufen
reseller Wiederverkäufer
resent übelnehmen
reservation Buchung, Vorbehalt
reserve Reserve, Rücklage
reserved surplus zweckgebundene Rücklage
reserve for bad debts Delkredere, Rückstellung
reserve for redemption Tilgungsrücklage
reserve fund eiserne Reserve
reserve requirement Mindestreserve
reside wohnen
residence Wohnsitz
residence permit Aufenthaltsgenehmigung
resident wohnhaft; Bewohner, Einwohner
resident buyer Indentkunde
residential area Wohngebiet
residential property Mietwohngrundstück
residual debt Restschuld
residual item Restposten
residual value Restwert
resign kündigen, zurücktreten
resignation Kündigung, Rücktritt
resolution Beschluß
resource Vermögenswert
resourceful einfallsreich
resources finanzielle Mittel
respectively beziehungsweise, in dieser Reihenfolge
respondent Beklagter
response Antwort, Reaktion
responsibility Verantwortung
responsible verantwortlich, verantwortungsvoll
restitution Wiedergutmachung
restrain beschränken, hindern, unterdrücken
restraining order einstweilige Verfügung
restraint of trade Wettbewerbsbeschränkung
restrict beschränken
restricted beschränkt, gebunden
restriction Beschränkung
restrictive practices Wettbewerbsbeschränkungen
resume wiederaufnehmen
retail Einzelverkauf
retail business Einzelhandel

retailer Einzelhändler
retail inventory Lagerbestand
retail outlet Einzelhandelsgeschäft
retail price Einzelhandelspreis
retail rebate Einzelhandelsrabatt
retail trade Einzelhandel
retain zurückbehalten
retainage Zurückbehaltungsrecht
retained earnings thesaurierter Gewinn
retainer Vorschuß
retain income thesaurieren
retaliatory measures Vergeltungsmaßnahmen
retire ausscheiden, in Ruhestand gehen, zurücktreten
retired im Ruhestand
retirement Austritt, Pensionierung
retirement age Rentenalter
retirement benefits Rentenleistungen
retirement fund Pensionsfonds
retirement income Alterseinkommen
retirement plan Pensionsplan
retrain umschulen
retraining Umschulung
retroactive rückwirkend
return zurückgeben, zurückschicken; Ertrag, Rendite
return on capital Kapitalertrag
return on equity Eigenkapitalrendite
return on investment Investitionsrentabilität
return on sales Umsatzrentabilität
returns Retouren
revaluation Aufwertung, Neubewertung
reveal enthüllen, zeigen
revenue Einkommen, Staatseinkünfte
revenue and expense accounts Aufwands- und Ertragskonten
revenue expenditure erfolgswirksamer Aufwand
reversal Umkehr, Wende
reverse split Aktienzusammenlegung
reversing entry Gegenbuchung
review überprüfen, wiederholen
revive wiederbeleben
revocable widerruflich
revocation Widerruf
revolve sich laufend erneuern
revolving fund revolvierender Fonds
reward belohnen; Belohnung, Gegenleistung
rewarding einträglich, lohnend
reword anders ausdrücken, umformulieren
rework nacharbeiten, umarbeiten
rewrite neu schreiben, umschreiben
riches Reichtümer
richness Reichtum
rid befreien, freimachen von
rider Zusatzklausel
rightful rechtmäßig
right of first refusal Vorkaufsrecht
right of ownership Eigentumsrecht
right of redemption Ablösungsrecht
right of rescission Rücktrittsrecht
right of use Nutzungsrecht
right of way Wegerecht
rights and duties Rechte und Pflichten
rising steigend
risk riskieren, wagen; Gefahr, Risiko
risk arbitrage Risikoarbitrage
risk averse risikoscheu
risk capital Risikokapital
risk management Risikomanagement
risk rating Risikobewertung
risky risikoreich
robber baron ausbeuterischer Kapitalist

robbery Einbruch, Raub
robot Roboter
robotics Robotertechnologie
robotization Robotersteuerung
rock bottom Tiefpunkt
rock the boat für Unruhe sorgen
rollback Preissenkung, Reduzierung
rolling budget rollendes Budget
rolling stock rollendes Material
roll out produzieren
rollout Produktverbreitung
rotating shift Wechselschicht
rough estimate grobe Schätzung
roughly circa, ungefähr
royalties Lizenzgebühren, Tantiemen
ruin ruinieren; Ruin
ruling richterliche Entscheidung
rummage sale Ramschverkauf
run führen, leiten, verwalten; Bankrun, panikartiger Ansturm
runaway capital Fluchtkapital
runaway inflation galoppierende Inflation
rundown baufällig; Abbau, Bericht
run down herunterwirtschaften
rural ländlich
rush hour Hauptverkehrszeit
rush job eilige Arbeit, Schluderarbeit
rush order Eilauftrag
rut Trott

S

sabbatical Forschungsurlaub
sabotage sabotieren; Sabotage
sack feuern, rausschmeißen; Rausschmiß
safe Tresor
safe custody Wertpapierdepot
safe-deposit box Schließfach
safeguard Schutz, Sicherheit
safekeeping Aufbewahrung
safety Sicherheit
safety inventory Sicherheitsbestand
safety measure Sicherheitsvorkehrung
safety net Sicherheitsnetz
sagacious klug, scharfsinnig
sagacity Klugheit, Scharfsinn
salable absatzfähig, verkäuflich
salary Besoldung, Gehalt
sale Ausverkauf, Verkauf
sale on account Verkauf auf Rechnung
sale on approval Verkauf auf Probe
sale on return Kauf mit Rückgaberecht
sales Absatz, Umsatz
sales account Verkaufskonto
sales agent Reisender, Vertreter
sales allowance Preisnachlaß
sales budget Absatzplan
sales call Vertreterbesuch
sales charge Ankaufgebühr
sales contract Kaufvertrag
sales drive Verkaufskampagne
sales folder Verkaufsprospekt
sales force Verkäuferstab
sales goal Absatzziel
sales invoice Verkaufsrechnung
sales leader Marktführer
sales letter Werbebrief
sales literature Werbematerial
sales load Ankaufgebühr
salesman Verkäufer, Vertreter
sales manager Verkaufsleiter
salesmanship Verkaufsgewandtheit, Verkaufstechnik

salesperson Verkäufer, Verkäuferin
sales planning Absatzplanung
sales promotion Verkaufsförderung
sales representative Vertreter
sales return Rücksendung
sales returns and allowances Rücksendungen und Nachlässe
sales resistance Kaufunlust
sales revenue Verkaufserlös
sales slip Kassenzettel
sales tax Umsatzsteuer
saleswoman Verkäuferin, Vertreterin
salutation Anrede
salvage value Schrottwert
sample probieren; Muster, Stichprobe, Warenprobe
sampling Teilerhebung
sanction billigen, genehmigen; Genehmigung
sanctioning Bewilligung
sanctions Sanktionen
sandwich board Reklametafel
satiate übersättigen
satiation Übersättigung
satisfaction Befriedigung, Begleichung, Tilgung, Zufriedenheit
satisfactory zufriedenstellend
satisfy befriedigen, begleichen, tilgen, zufriedenstellen
save retten, sparen
save up zusammensparen
savings Ersparnisse, Spareinlagen
savings account Sparkonto
savings and loan association (S&L) Spar- und Darlehenskasse
savings bank Sparkasse
savings book Sparbuch
savings certificate Sparbrief
savings deposit Spareinlage
savings rate Sparquote
scab Streikbrecher
scale Skala, Tabelle
scale down heruntersetzen, repartieren
scale of charges Gebührenordnung
scale of operations Produktionsniveau
scalp Wertpapiere mit kleinem Profit weiterverkaufen
scanty dürftig, spärlich
scapegoat Sündenbock
scarce knapp
scarcity Knappheit
scarcity of money Geldknappheit
scatter diagram Streuungsdiagramm
schedule aufführen, planen; Plan, Verzeichnis, Zeitplan
scheduled geplant, planmäßig, vorgesehen
scheduling Fertigungsplanung
scheme Plan, Projekt, Programm
scholarship Stipendium
science Wissenschaft
scientific wissenschaftlich
scoop Fang, Knüller
scope Rahmen, Umfang
scope of duties Aufgabenbereich
scope of responsibilities Kompetenzbereich
scrap verschrotten; Schrott
scrap value Schrottwert
screen überprüfen; Bildschirm
scrimp sparen, knausern
scrip Zwischenschein
scrutinize genau prüfen, untersuchen
seal besiegeln, verschließen, zumachen
sealed bid versiegeltes Angebot
sealed envelope verschlossener Briefumschlag
seal of approval offizielle Zustimmung
seal of quality Gütesiegel
searching eingehend, gründlich
seasonal adjustment Saisonbereinigung
seasonal fluctuation Saisonschwankung
seasonality Saisonbewegungen

seasonally adjusted saisonbereinigt
seasonal unemployment saisonale Arbeitslosigkeit
seat Sitzplätze bieten für; Sitz
SEC (Securities and Exchange Commission) Börsenaufsichtsbehörde
secondary sekundär, untergeordnet
secondary cause Nebenursache
secondary market Sekundärmarkt
secondary reserves Sekundärreserven
second-hand gebraucht
second-rate zweitklassig
seconds Waren zweiter Wahl
section Abschnitt, Trakt
sector Branche, Sektor
secure beschaffen, sichern, sicherstellen
secured gesichert
secured debt gesicherte Forderung
secured loan gesichertes Darlehen
securities Effekten, Wertpapiere
Securities and Exchange Commission (SEC) Börsenaufsichtsbehörde
securities broker Wertpapiermakler
securities exchange Wertpapierbörse
securities holdings Wertpapierbestand
security Bürgschaft, Sicherheit, Wertpapier
security deposit Kaution, Sicherheitshinterlegung
seed money Startkapital
segmentation Segmentierung
seize beschlagnahmen, pfänden
select auswählen
selection Auswahl
selective distribution Vertrieb durch ausgewählte Händler
self-adhesive selbstklebend
self-adjusting selbstregulierend
self-appointed selbsternannt
self-appraisal Selbstbeurteilung
self-employed selbständig
self-fulfilling prophecy sich selbst bewahrheitende Voraussage
self-help Selbsthilfe
self-insurer Selbstversicherer
self-service store Selbstbedienungsladen
sell verkaufen, vertreiben
seller's market Verkäufermarkt
selling ability Verkaufstalent
selling area Verkaufsfläche
selling expenses Vertriebsgemeinkosten
selling short Leerverkäufe
selling technique Verkaufsmethode
sell off abstoßen, glattstellen
sell short fixen, leerverkaufen
sell up zu Geld machen
semiannual halbjährlich
semiconductor Halbleiter
semimonthly halbmonatlich
semiskilled labor angelernte Arbeitskräfte
semivariable costs Mischkosten
seniority Dienstalter
seniority system Beförderung (Entlassung) nach dem Dienstalter
senior management Geschäftsleitung
senior mortgage erststellige Hypothek
senior position leitende Stellung
sensitive schwankend
separate tax return getrennte Veranlagung
sequence Folge, Reihenfolge
serf Leibeigener
serial bonds issue Serienleihe
serial number Fabrikationsnummer
series Reihenfolge, Serie

serve bedienen
service bedienen, warten; Bedienung, Dienstleistung, Wartung
serviceable brauchbar, strapazierfähig
service center Reparaturwerkstatt
service charge Bearbeitungsgebühr
service department Kundendienstabteilung
service fee Bearbeitungsgebühr
service industry Dienstleistungsbranche
service load Nutzlast
services Dienstleistungen
session Sitzung, Sitzungsperiode
set back kosten, zurückwerfen
setback Rückschlag
setoff Aufrechnung
settle abrechnen
settlement Abfindung, Abrechnung, Regulierung
settlement date Abrechnungstermin
settlor Treugeber
several liability Einzelhaftung
severance pay Abfindung, Trennungsentschädigung
sexual harassment sexuelle Belästigung
shake down ausnehmen
shakedown Erpressung, Gaunerei
shake-up Reorganisation
share Aktie, Anteil
share certificate Aktienzertifikat
shareholder Aktionär
shareholder's equity Eigenkapital
share issue Aktienemission
share market Aktienmarkt
share of stock Kapitalanteil
share of the market Marktanteil
share premium Aktienagio
shares Aktien
shell corporation Firmenmantel
shell out blechen
shift überwälzen; Schicht, Verlagerung
shift differential Schichtzuschlag
shifty verschlagen
shock loss überraschend hoher Verlust
shoot aufnehmen, drehen, schießen
shoot up in die Höhe schnellen
shop einkaufen; Geschäft, Laden
shop around sich umsehen
shop assistant Verkäufer
shop floor Produktionsstätte
shopkeeper Einzelhändler, Kaufmann
shopper Käufer
shopping Einkäufe, Einkaufen
shopping center Einkaufszentrum
shopping spree Einkaufsbummel
shop steward gewerkschaftlicher Vertrauensmann
shoptalk Fachsimpelei
shortage Knappheit
shortage of cover fehlende Deckung
short bond kurzfristige Anleihe
short-change zuwenig Wechselgeld geben
short covering Deckungskauf
shortfall Defizit
short position Baisseposition
short sale Leerverkauf
short selling Blankoverkauf
short shipment Minderlieferung
short term kurze Frist
short-term kurzfristig
short-term credit kurzfristiger Kredit
short-term debt kurzfristige Schuld
short-term liability kurzfristige Verbindlichkeit
short-term loan demand kurzfristige Kreditnachfrage
short time Kurzarbeit
show bill Werbeplakat
showcase Schaukasten

showing-off Angeberei
show off angeben, vorführen
showpiece Paradestück, Schaustück
showroom Ausstellungsraum
shrinkage Schwund
shrink wrap Schrumpfpackung
shut down schließen, zumachen
shutdown Betriebsschließung
Shylock charges Wucherzinsen
shyster Gauner, Rechtsverdreher
sight bill Sichtwechsel
sight draft Sichttratte
sign unterschreiben
signature card Unterschriftskarte
silent partner stiller Gesellschafter
simple interest einfache Zinsen
simple majority einfache Mehrheit
simplify vereinfachen
single account Einzelkonto
single-entry bookkeeping einfache Buchführung
single-item calculation Einzelkalkulation
single quotation Einheitskurs
sinking fund Amortisationsfonds
sit-down strike Sitzstreik
site Baugelände, Standort
sitting duck leichte Beute
skill Fähigkeit, Fertigkeit
skilled ausgebildet, gelernt
skilled labor gelernte Arbeitskräfte
skilled personnel Fachpersonal
skilled worker Facharbeiter
skim off absahnen
skimp knausern, sparen
skinflint Geizkragen
skirt umgehen
sky-high himmelhoch, schwindelnd hoch
skywriting Himmelsschrift
S&L (savings and loan association) Spar- und Darlehenskasse
slack flau, ruhig
slander verleumden; Verleumdung
slant Neigung, Tendenz
slash radikal herabsetzen, zusammenstreichen
slave driver Sklaventreiber
slave labor Sklavenarbeit
sleeper möglicher Verkaufshit
sleeping beauty denkbares Übernahmeziel
sleeping partner stiller Gesellschafter
slice Stück, Teil
slide in share prices Preisrutsch bei den Aktien
sliding scale gleitende Skala
slip Zettel
slogan Werbespruch
slot machine Münzautomat, Spielautomat
slowdown Bummelstreik, Verlangsamung
slum clearance Sanierung der Elendsviertel
slumlord nicht ortsansässiger Hauseigentümer, der Slumwohnungen vermietet
slump Rückgang, Sturz
slush fund Schmiergeldfonds
small ad Kleinanzeige
small business Kleinbetrieb
small change Kleingeld
small print das Kleingedruckte
smart card Kreditkarte mit Computerchip, multifunktionelle Chipkarte
smart money Investitionen, die auf vertraulichen Informationen basiert sind
smith Schmied
smokestack industry Schwerindustrie
smuggling Schmuggel
snowballing Schneeballsystem
social security soziale Sicherheit
Social Security Sozialversicherung
social worker Sozialarbeiter

soft currency weiche Währung
soften mildern
soft market rückläufiger Aktienmarkt
soft money weiche Währung
soft sell sanfte Verkaufstaktik
software Programme für EDV-Anlagen
sole owner Alleineigentümer
sole proprietor alleiniger Eigentümer
sole proprietorship Einzelfirma
solicitor Anwalt
solvency Zahlungsfähigkeit
sort ordnen, sortieren
sound gesund, solide, stabil
source Quelle
source of profit Gewinnquelle
source of supply Bezugsquelle
sourcing Beschaffung
sovereign risk Länderrisiko
space Anzeigenraum, Raum
span of control Kontrollspanne
spare part Ersatzteil
sparing sparsam
special assessment Sonderumlage
special case Sonderfall
special delivery Eilzustellung
specialist Experte, Fachmann
specialized knowledge Fachkenntnisse
special offer Sonderangebot
specialty Spezialgebiet, Spezialität
specialty goods Spezialerzeugnisse
specialty shop Fachgeschäft
special-use permit Sondergenehmigung
specie Hartgeld, Münzgeld
specification Aufstellung, Beschreibung, Spezifikation
specify beschreiben, genau angeben
specimen Muster, Probestück
specimen copy Probeexemplar
speculation in shares Aktienspekulation
speculative builder Bauspekulant
speculator Spekulant
speed up beschleunigen, vorantreiben
spend ausgeben, verbringen
spendable income Nettoeinkommen
spending Ausgaben
spending money Taschengeld
spending power Kaufkraft
spending spree Großeinkauf, Kauforgie
spendthrift verschwenderisch; Verschwender
spill over überlaufen
spillover Überschuß
spin-off Nebenprodukt
split aufteilen; Aktiensplit, Aufteilung
splurge Geld verschwenderisch ausgeben
spoilage Ausschuß
spokesperson Sprecher, Sprecherin
sponsor Förderer, Geldgeber, Schirmherr
spot announcement Kurzmeldung
spot cash sofortige Bezahlung
spot check Stichprobe
spot commodity Lokoware, sofort lieferbare Ware
spot delivery sofortige Lieferung
spot market Kassamarkt
spot price Kassakurs
spot quotation Platznotierung
spots Lokowaren, sofort lieferbare Waren
spread streuen, verbreiten, verteilen; Differenz, Marge, Spanne, Verteilung
spreadsheet Abschlußbogen
squander vergeuden, verschwenden
squatter Hausbesetzer
squeeze Beschränkung, Knappheit, Verengung
stability Dauerhaftigkeit

stabilization Stabilisierung
staff Personal
staffing Stellenbesetzung
stagflation (stagnation + inflation) Stagflation
stagger staffeln
staggered gestaffelt, gestuft
stagnant stillstehend
stagnation Stagnation, Verlangsamung
stake Anteil, Beteiligung, Einsatz
stale check verfallener Scheck
stall Zeit schinden; Bude, Stand
stand Verkaufsstand
standard handelsüblich; Norm, Standard
standard cost Plankosten
standard deduction Pauschbetrag
standard deviation Standardabweichung
standardization Normung
standard of living Lebensstandard
standard size Standardformat, Standardgröße
standard wage rate Tariflohn
standby Bereitschaft
standby arrangement Beistandsabkommen
standby cost Bereitschaftskosten
standby fee Bereitstellungsgebühr
standing order Dauerauftrag
staple Hauptartikel, Hauptnahrungsmittel
stapler Heftmaschine
start-up company Jungunternehmen
start-up expenses Anlaufkosten
start-up losses Anlaufverluste
starvation wages Hungerlohn
state bank Staatsbank
stated capital ausgewiesenes Kapital
statement Abrechnung, Kontoauszug
statement of account Kontoauszug
statement of affairs Konkursbilanz
statement of condition Bankbilanz
statement of income Gewinn- und Verlustrechnung
static konstant, feststehend, ruhend, statisch
static budget statisches Budget
stationary stillstehend
stationer's Schreibwarengeschäft
stationery Briefpapier, Büromaterial
statistical survey statistische Erhebung
status-conscious statusbewußt
status symbol Statussymbol
statute Gesetz, Satzung, Statut
statute book Gesetzbuch
statute of limitations Verjährungsfrist
statutory gesetzlich, satzungsgemäß
statutory audit Abschlußprüfung
statutory notice gesetzliche Kündigungsfrist
statutory reserve gesetzliche Rücklage
staying power Ausdauer, Durchhaltevermögen
steady fest
steal sehr günstiger Kauf
steel-collar worker Roboter
steel mill Stahlwalzwerk
steelworker Stahlarbeiter
steep price sehr hoher Preis
steering committee Lenkungsausschuß
stereotype klischeehaft; Klischeevorstellung
stevedore Hafenarbeiter
steward Verwalter, Vertrauensmann
stewardship Verwaltung
stiff hart, hoch, schwer, schwierig
stiff competition scharfer Wettbewerb

stingy geizig, knauserig, popelig
stipend Gehalt, Stipendium
stock Aktie, Lagerbestand, Vorrat
stock accounting Lagerbuchführung
stockbroker Börsenmakler
stockbroking Effektenhandel, Wertpapierhandel
stock certificate Aktie, Aktienmantel
stock company Aktiengesellschaft
stock dividend Berichtigungsaktie, Gratisaktie
stock exchange Aktienbörse, Börse, Wertpapierbörse
stock futures Aktientermingeschäfte
stockholder Aktionär
stockholder's equity Eigenkapital
stock index Aktienindex
stock insurance company Versicherungsaktiengesellschaft
stock in trade Warenbestand
stockjobber Börsenspekulant
stock ledger Aktienbuch
stock list Börsenzettel, Warenliste
stock market Börse, Börsenmarkt
stock option Bezugsrecht auf Aktien
stockout cost Fehlmengenkosten
stockpile Vorräte anlegen; Lager, Vorrat
stock prices Börsenkurse
stock rating Aktienbewertung
stock record Lagerkarte
stock register Aktienbuch
stocks and shares Aktien, Effekten, Wertpapiere
stock split Aktiensplit
stock swap Aktientausch
stock turnover Lagerumschlag
stonewall ausweichen
stool pigeon Informant, Lockvogel, Spitzel
stopgap Notlösung
stopgap measure Überbrückungsmaßnahme
stop-loss order Verkaufsauftrag zur Verlustminderung
stopover Zwischenlandung
stoppage Unterbrechung
stop-payment order Schecksperre
stop payments Zahlungen einstellen
storage Aufbewahrung, Lagerung
storage cost Lagerkosten
store lagern; Geschäft, Laden
storekeeper Geschäftsinhaber, Lagerverwalter
store manager Geschäftsführer
stores Bestände, Hilfs- und Rohmaterial
stowage Beladen, Staugebühr
straight bill of lading nicht übertragbares Konnossament
straight-line depreciation lineare Abschreibung
straight loan ungesichertes Darlehen
straight time normale Arbeitszeit
strain Anspannung, Belastung
strategic planning strategische Planung
strategy Strategie
straw boss Vorgesetzter
straw man Hintermann, Strohmann
streamline rationalisieren
Street (Wall Street) Börsenstraße in New York
street name Strohmann, Tarnname
street smarts intuitive Intelligenz
stretchout Verlängerung, Verzögerung
strike streiken; Ausstand, Streik
strikebreaker Streikbrecher
strike price Basispreis
style item Modeartikel
stylist Modeschöpfer
subcontract vertraglich weitergeben; Untervertrag

subcontractor Subunternehmer
subdivide unterteilen
subdivision Unterteilung
subject to confirmation freibleibend
sublease unterverpachten; Untermietvertrag
sublet untervermieten
subletting Untervermietung
subliminal advertising unterschwellige Werbung
submit einreichen, vorlegen
subordinate untergeordnet; Untergebener
subordinate debt nachrangige Verbindlichkeiten
subpoena Vorladung
subscribe abonnieren, zeichnen
subscriber Abonnent, Zeichner
subscription Abonnement, Zeichnung
subscription price Zeichnungskurs
subscription right Bezugsrecht
subsidiary Tochtergesellschaft
subsidiary company Tochtergesellschaft
subsidize subventionieren
subsidy Subvention
subsistence level Existenzminimum
substitute Ersatz, Ersatzmann
substitution Ersetzen
subtenant Untermieter
subterfuge List, Täuschung
subtitle Untertitel
subtotal Zwischensumme
suburb Vorort
subway U-Bahn
suggested price empfohlener Preis
suggestion box Kasten für Verbesserungsvorschläge
summary Zusammenfassung
summons Vorladung
super Betriebsleiter
superficial oberflächlich
superintendent Betriebsleiter
superior Vorgesetzter
supermarket Supermarkt
supervisor Aufseher
supervisory board Aufsichtsrat
supplement ergänzen; Ergänzung
supplementary ergänzend, zusätzlich
supplier Lieferant
supply beliefern, versorgen; Lieferung, Versorgung
supply and demand Angebot und Nachfrage
supply curve Angebotskurve
supply elasticity Angebotselastizität
supply industry Zulieferungsindustrie
supply price Lieferpreis
supply-side economics angebotsorientierte Wirtschaftspolitik
supply source Bezugsquelle
support unterstützen; Unterstützung
surcharge Aufpreis
surety Bürgschaft, Sicherung
surety bond Bürgschaftserklärung
surplus Überschuß
surplus sharing Überschußbeteiligung
surplus value Mehrwert
surrender einlösen
surrender value Rückkaufswert
surtax Steuerzuschlag, Zusatzsteuer
survey überblicken, übersehen; Überblick, Übersicht
surveyor Gutachter, Landvermesser
survey research Umfrageforschung
suspend aussetzen, einstellen, suspendieren
suspense account schwebendes Konto
suspension of payments Zahlungseinstellung

swap austauschen, tauschen
sweatshop Ausbeuterbetrieb
sweepstake Verlosung, Wette, Wettspiel
sweepstakes Preis, der aus allen Einsätzen gebildet ist
sweetener Anreiz, Verlockung
sweetheart order Gefälligkeitsauftrag
swing Kreditgrenze in zweiseitigen Handelsbeziehungen
swing shift Mittagsschicht
Swiss account Nummernkonto
switch übertragen, umlenken, wechseln
sympathy strike Sympathiestreik
syndicate Syndikat, Verband
synergy Synergie
synopsis Zusammenfassung
synthesize künstlich herstellen
systematize systematisieren, zu einem System ordnen
systems approach Systemansatz

T

tab Rechnung
tabloid Boulevardblatt, Sensationszeitung
tabulate tabellarisch darstellen
T-account T-Konto
tacit agreement stillschweigende Vereinbarung
tag Anhänger, Etikett, Schild, Zusatz
tailor Herrenschneider
tailored kundenspezifisch, maßgeschneidert
take einnehmen, ergreifen, unternehmen
take a bath hohe finanzielle Verluste erleiden
take action tätig werden
take bribes sich bestechen lassen
take effect in Kraft treten
take-home pay Nettogehalt, Nettoverdienst
take-in Reinfall
take into account berücksichtigen
take inventory Inventur machen
takeoff wirtschaftlicher Aufschwung
take-on balance Anlagenkontosaldo
takeout Kursgewinn
take over übernehmen
takeover Übernahme
takeover rumors Übernahmegerüchte
taker Abnehmer, Käufer
take stock inventarisieren
take up a bill Wechsel einlösen
taking delivery Abnahme
takings Einnahmen
talent Talente (z. B. Sänger, Schauspieler, Mannequins)
tally zählen
tallyman Ladungskontrolleur
tally sheet Strichliste
TAN (tax anticipation note) Steuergutschein einer Gemeinde
tangible assets materielle Vermögensgegenstände
tangible fixed assets Sachanlagevermögen
tap a market einen Markt erschließen
tardy payer säumiger Zahler
target Planungssoll, Richtwert, Ziel
target audience Zielgruppe
target cost Vorgabekosten
target date Endtermin, Stichtag, Termin

target figures Sollzahlen
target price angestrebter Preis
target sales Absatzsoll
tariff Gebührensatz, Tarif, Zoll
tariff agreement Zollabkommen
tariff cut Zollsenkung
tariff quota Zollkontingent
tariff reduction Zollabbau
tariff schedule Gebührentabelle
task Aufgabe
task allocation Arbeitsorganisation
task force Arbeitsgruppe, Arbeitsstab
taskmaster strenger Arbeitgeber
task-oriented aufgabenorientiert
tax besteuern; Abgabe, Steuer, Zoll
taxable income steuerpflichtiges Einkommen
taxable value Steuerwert
tax anticipation note (TAN) Steuergutschein einer Gemeinde
tax arrears Steuerrückstände
taxation Besteuerung
tax audit Steuerprüfung
tax base Steuerbemessungsgrundlage
tax bracket Steuerstufe
tax break Steuerentlastung
tax collector Finanzamt, Steuerbehörde
tax court Finanzgericht
tax creditor Steuergläubiger
tax cut Steuersenkung
tax deduction Steuerabzug
tax deferment Steuerstundung
tax depreciation steuerliche Abschreibung
tax dodge Steuervermeidung
tax equity Steuergerechtigkeit
tax evasion Steuerhinterziehung
tax-exempt steuerfrei
tax-exempt bond steuerfreie Schuldverschreibung
tax exemption Steuerbefreiung
tax foreclosure Steuerpfändung
tax-free abgabenfrei, steuerfrei
tax-free amount steuerfreier Betrag
tax haven Steueroase, Steuerparadies
tax holiday Steuerfreijahre
tax identification number (TIN) Steuernummer
tax impact Steuerwirkung
tax incentive steuerlicher Anreiz
taxing authority Steuerbehörde
tax liability Steuerschuld
tax lien Pfandrecht der Steuerbehörde
tax loophole Steuerschlupfloch
tax loss company Abschreibungsgesellschaft
taxman Finanzamt, Steuerbehörde
tax money Steuergelder
tax paid versteuert
taxpayer Steuerzahler
tax period Besteuerungszeitraum
tax rate schedule Steuertabelle
tax receipts Steuereinnahmen
tax return Steuererklärung
tax revenue Steueraufkommen
tax roll Steuerliste
tax sale Zwangsversteigerung zur Deckung von Steuerschulden
tax shelter Niedrigsteuerland
tax structure Steuersystem
tax writeoff steuerliche Abschreibung
tax year Steuerjahr
T-bill (Treasury bill) Schatzwechsel
team up sich zusammenschließen
teaser Ankündigungswerbung
teaser rate Lockzins
technical technisch
technical analysis technische Aktienanalyse
technical committee Fachausschuß
technical correction technische Kurskorrektur

technical details fachliche Details
technical journal Fachzeitschrift
technical rally markttechnische Erholung
technicals Kursdaten
technical support technischer Kundendienst
technical term Fachausdruck
technician Techniker
technique Arbeitstechnik, Herstellungsverfahren, Methode
technological unemployment technologische Arbeitslosigkeit
teething troubles Anlaufschwierigkeiten, Kinderkrankheiten
telemarketing Verkaufsaktivitäten über das Telefon
teleselling Verkaufsangebote im Fernsehen
teletext Bildschirmtext
telex Fernschreiben, Telex
teller Kassierer
teller's window Kassenschalter
temp (temporary worker) Aushilfskraft
temporary befristet, vorläufig, vorübergehend
temporary credit Zwischenkredit
temporary investment of funds kurzfristige Kapitalanlage
temporary receipt vorläufige Quittung
tenancy Mietdauer, Mietverhältnis, Pachtverhältnis
tenancy in common Miteigentum
tenant Mieter, Pächter
tender Angebot, Offerte, Zahlungsangebot
tender offer Übernahmeangebot
tender rate Emissionssatz
tender terms Submissionsbedingungen
tenement Wohnhaus
tentative vorläufig, provisorisch
tentative agreement Vorvertrag
tentative product Testprodukt
tenure Besitz, Dienstzeit
term Dauer, Frist, Laufzeit, Termin
term account Festgeldkonto
term certificate Depositenzertifikat mit langer Laufzeit
terminability Kündbarkeit
terminal Datenerfassungsgerät mit Bildschirm
terminal date Endtermin
terminal payment Abschlußzahlung
terminate auflösen, beenden
termination Abgang, Ablauf, Auflösung, Kündigung
termination payment Abfindung
terminology Fachwortschatz
term insurance Risikoversicherung
term liabilities befristete Verbindlichkeiten
term of acceptance Wechsellaufzeit
term of maturity Laufzeit
terms Bedingungen, Konditionen
terms of delivery Lieferbedingungen
terms of payment Zahlungsbedingungen
terms of sale Verkaufsbedingungen
terms of tender Ausschreibungsbedingungen
term to maturity Restlaufzeit
territory Gebiet
terse kurz und bündig
testimonial Zeugnis
test market Testmarkt
test marketing Verkauf zur Prüfung des Marktes
test run Probelauf
theft insurance Diebstahlversicherung
theme Leitgedanke, Thematik
think tank Denkfabrik, Planungsstab
thin market enger Markt
third-country export Transitausfuhr

third market ungeregelter Freiverkehr
third-party risk insurance Haftpflichtversicherung
thrift Sparsamkeit
thrift institution Kreditinstitut
thrift shop Gebrauchtwarengeschäft mit Niedrigpreisen
thriving blühend, gedeihend
through rate Durchgangstarif
throwaway Handzettel, Wurfsendung
tick Mindestkursschwankung
ticker Börsenticker
ticket Eintrittskarte, Etikett, Fahrkarte, Schild
tickler file Terminablage
tide over überbrücken
tie Bindung, Kopplung, Verpflichtung
tied aid gebundene Entwicklungshilfe
tied loan gebundener Kredit
tied-up capital gebundenes Kapital
tie-in promotion Kombinationswerbung
tie-in sale Kopplungsverkauf
tie-up ad Gemeinschaftswerbung
tight angespannt, knapp
tightening Anspannung
tighten the tax screw die Steuerschraube anziehen
tight-fisted knauserig
tight market enger Markt
tight money Geldknappheit
tightwad Geizkragen
till Ladenkasse
timber industry Holzindustrie
time bargain Termingeschäft
time clock Stechuhr
time cost Periodenkosten
time deposit Termineinlage
time draft Nachsichtwechsel
time-lag Zeitverzögerung
time limit Frist
time money Festgeld
time payments Ratenzahlungen
timer Schaltuhr, Zeitmesser
time schedule Terminplan
time sheet Arbeitszeitnachweis
timetable Fahrplan, Flugplan, Terminplan
TIN (taxpayer identification number) Steuernummer
tiny audience kleiner Markt, Marktnische
tip Hinweis, Ratschlag, Trinkgeld, Wink
title Besitzurkunde, Eigentumsurkunde, Rechtsanspruch
token Spielmarke, Zeichen
toll Benutzungsgebühr, Maut
tool Werkzeug
top übersteigen, übertreffen
top bracket Spitzengruppe
top dog Person oder Gesellschaft in führender Position
top events Großereignisse
top-heavy shares überbewertete Aktien
top-notch erstklassig
top salary Spitzengehalt
top secret streng geheim
tort unerlaubte Handlung
total gesamt; Gesamtsumme
total contract value Gesamtauftragswert
total loss Totalschaden
total on hand Gesamtbestand
total return Gesamtgewinn
total utility Gesamtnutzen
total volume Emissionsvolumen
tour of duty planmäßiger Arbeitstag
tout Kundenwerbung treiben
toxic waste Giftmüll
track überwachen, verfolgen; Gleis, Schiene, Spur
trade handeln; Branche, Gewerbe, Handel, Handwerksberuf
trade advertising Händlerwerbung
trade agreement Handelsabkommen
trade association Fachverband

trade balance Handelsbilanz
trade barriers Handelsschranken
trade curbs Handelsbeschränkungen
trade date Schlußtag
trade deficit Handelsbilanzdefizit
trade higher höher notieren
trade-in value Gebrauchtwert
trademark Warenzeichen
trade name Firmenname
tradeoff Gegengeschäft, Kuhhandel
trade-out Tauschgeschäft
trade paper Handelswechsel
trader Wertpapierhändler
trades Abschlüsse
trade show Fachmesse, Verkaufsmesse
trade surplus Handelsbilanzüberschuß
trade union Gewerkschaft
trade usage Handelsbrauch
trading Börsenbewegung, Handel
trading pit Maklerstand
trading post Börsenstand
trading stamp Rabattmarke
traffic Handel, Markt, Verkehr
traffic manager Versandleiter
traffic warden Politesse
trainee Auszubildender
trainer Ausbilder
training Ausbildung, Übung
tramp Trampschiff
transact abschließen, abwickeln, tätigen
transaction Abschluß, Abwicklung
transaction maturity Kontraktfälligkeit
transfer übertragen, überweisen, versetzen; Überweisung
transferable übertragbar
transfer payment Transferzahlung
transit Durchfuhr, Durchreise, Transit
transit items Inkassopapiere
transitory credit durchlaufender Kredit
translate into sich niederschlagen in, übersetzen in
translator Übersetzer
transmit übertragen, weiterleiten
transport transportieren; Transport
travel agency Reisebüro
traveler's check Reisescheck
traveling salesman Vertreter
treasurer Finanzleiter eines Unternehmens
treasury Finanzkasse, Schatzamt, Schatzkammer
treasury bill (T-bill) Schatzwechsel
treasury bond Schatzobligation
Treasury Department Finanzministerium
treasury note Schatzanweisung
treat spendieren
treatment Behandlungsart, Betreuung
trend Entwicklung, Grundrichtung
trend reversal Trendumkehr
trial Erprobung, Gerichtsverfahren, Probe, Versuch
trial balance Probebilanz
trial balloon Versuchsballon
trial run Probelauf
tribute Abgabe, Tribut, Zins
trickster Betrüger, Schwindler, trickreicher Geschäftsmann
triple A (AAA) Bestbewertungs-Kennzeichnung, Höchstbonität
triple witching hour Zeit heftiger Kursschwankungen und hoher Umsätze
troubleshooter Problemlöser, Störungssucher
trough Talsohle der Konjunktur, Tiefpunkt der Börsenkurse
truck tauschen
true inflation absolute Inflation

trust Treuhand, Vermögensverwaltung
trust account Treuhandkonto
trust company Treuhandgesellschaft
trust deed Treuhandvertrag
trustee Treuhänder
trust fund Treuhandvermögen
trustworthy sicher, vertrauenswürdig, zuverlässig
try probieren, versuchen
turkey enttäuschende Investition
turnaround Umkehr, Umschwung
turning Abbiegung, Abzweigung
turnkey schlüsselfertig
turnover Umsatz
two-tier offer zweiteiliges Übernahmeangebot
tycoon Industriemagnat, übermächtiger Wirtschaftsboss
tying contract Kopplungsvertrag
type tippen
typewriter Schreibmaschine
typify als Typ einordnen, nach Typen einteilen, typisieren
typist Schreibkraft

U

ultimate allerletzter, letzter
ultimate buyer Endabnehmer
ultimate consumer Endverbraucher
ultimately endlich, letzten Endes, schließlich
umbrella agreement Rahmenabkommen
umbrella liability insurance Pauschalhaftpflichtversicherung
unable unfähig
unacceptable unzumutbar
unaccepted nicht akzeptiert
unaccompanied unbegleitet
unaccustomed to nicht gewöhnt an
unaffiliated independents unabhängige Händler
unaffiliated union unabhängige Gewerkschaft
unallocated storage Sammelverwahrung
unamortized bond discount nicht abgeschriebenes Disagio
unamortized premium nicht abgeschriebenes Agio
unappropriated profits einbehaltene Gewinne, unverteilter Reingewinn
unascertained debt Gattungsschuld
unassignable nicht übertragbar
unaudited ungeprüft
unauthorized unbefugt, unberechtigt
unauthorized strike wilder Streik
unavailable nicht verfügbar
unavoidable unvermeidlich
unbalanced nicht ausgeglichen
unbalanced growth ungleichgewichtiges Wachstum
unbelievable unglaublich
unbreakable unzerbrechlich
unbridled schrankenlos
uncallable unkündbar
uncalled nicht eingefordert
unchanging stagnierend, unveränderlich
unclaimed balance nicht abgehobenes Guthaben
unclassified nicht geheim
uncleared nicht bereinigt, unbezahlt

uncleared invoice offene Rechnung
uncollectable account uneinbringliche Forderung
uncommited reserves freie Rücklagen
unconditional bedingungslos
unconfirmed unbestätigt
unconsolidated nicht konsolidiert, unfundiert
uncontested unangefochten, unbestritten
uncovered ungedeckt
uncovered exposure ungedecktes Risiko
uncovered sale Leerverkauf
undated ohne Datum, ohne Fälligkeitstermin
underbid unterbieten
underbidding Unterbieten von Konkurrenzpreisen
undercapitalization Unterkapitalisierung
undercharge zu wenig berechnen; zu geringe Berechnung
undercut unterbieten
underdog Unterlegener, Verlierer
underemployed unterbeschäftigt
undergo durchmachen
underground economy Schattenwirtschaft
underinsured unterversichert
underline unterstreichen
underling Untergebener
underlying zugrundeliegend
underlying mortgage vorrangige Hypothek
underlying trend Grundtendenz
underpaid unterbezahlt
underpay unterbezahlen
underpriced unterbewertet
underprivileged schlechtergestellt, unterprivilegiert
underscore betonen, unterstreichen
undersell unterbieten
under spot unter Kassakurs
understanding verständnisvoll; Verständnis
understatement Tiefstapelei, Untertreibung
undertake sich verpflichten, übernehmen
undertaking Betrieb, Unternehmen, Verpflichtung, Versprechen
under the counter im Schleichhandel, unter dem Ladentisch
undervalued unterbewertet
underwrite versichern
underwriter Versicherer
underwriting Risikoübernahme
undisclosed mittelbar, verdeckt
undisclosed partner stiller Gesellschafter
undo rückgängig machen
undue influence unzulässige Beeinflussung
unduly übermäßig, unangemessen, unnötig
unearned nicht realisiert, unverdient
unearned income Besitzeinkommen
unearned increment Bodenwertsteigerung
uneconomic unwirtschaftlich
unemployable nicht vermittelbar
unemployed arbeitslos
unemployment Arbeitslosigkeit
unemployment compensation Arbeitslosengeld
unemployment insurance Arbeitslosenversicherung
unemployment rate Arbeitslosenquote
unencumbered property unbelastetes Grundstück
unenforceable unerzwingbar, unvollstreckbar
uneven uneben, ungleichmäßig
unfair competition unlauterer Wettbewerb
unfavorable ungünstig

unfavorable balance of trade passive Handelsbilanz
unfilled order unerledigter Auftrag
unforeseen unerwartet, unvorhergesehen
unfortunate bedauerlich
unfortunately leider
unfounded unbegründet
unfreeze freigeben
unfriendly takeover unerwünschte Unternehmensübernahme
ungenerous kleinlich, knauserig, nicht freigebig
unhedged ungesichert
unified einheitlich, konsolidiert
uniform einheitlich, gleich
unilateral einseitig
unilateral contract einseitiger Vertrag
unimproved property unerschlossenes Grundstück
uninsured nicht versichert
unintentional unabsichtlich, ungewollt
union Gewerkschaft
union contract Tarifvertrag
union rate Tariflohn
union shop gewerkschaftspflichtiger Betrieb
union strike call Streikaufruf der Gewerkschaft
unique einmalig, einzigartig, unerreicht
unit Betrieb, Einheit, Vermögensanteil, Werksabteilung
unit cost Stückkosten
unit labor cost Lohnstückkosten
unit price Stückpreis
universal heir Gesamterbe
university degree Hochschulabschluß
unjustified ungerechtfertigt
unlawful unerlaubt, widerrechtlich
unleaded gasoline bleifreies Benzin
unlike im Gegensatz zu
unlimited unbegrenzt, unlimitiert
unlimited liability unbeschränkte Haftung
unlimited partner Komplementär
unlisted nicht notiert, ungeregelt
unload abstoßen, ausladen, entladen
unloading Abstoßen, Niedrigpreisverkauf
unobtainable unerreichbar
unordered unbestellt
unpacked lose, unverpackt
unpaid nicht ausgezahlt, nicht eingelöst, unbezahlt
unpegging Freigabe
unpleasant unangenehm, unerfreulich
unprotected nicht gedeckt, ungeschützt
unqualified nicht geeignet, nicht qualifiziert, uneingeschränkt
unquoted unnotiert
unrecoverable uneinbringlich
unrestricted unbeschränkt
unrivalled konkurrenzlos
unsalable unverkäuflich
unsatisfactory unbefriedigend, unzulänglich
unscheduled redemption unplanmäßige Tilgung
unsecured unbesichert, ungesichert
unsettled unbezahlt
unskilled ungelernt, unqualifiziert
unsold unverkauft
unsolicited unaufgefordert, unverlangt
unstated nicht genannt
unsuitable ungeeignet
untrustworthy unzuverlässig
untutored ungeschult
unwise unklug
unwritten ungeschrieben
update auf den neuesten Stand bringen
up front Vorauszahlung

upgrading Qualitätsverbesserung
upkeep Instandhaltung, Wartung
uplift Auftrieb
up-market anspruchsvoll, exklusiv
upon request auf Antrag
upscale in der gehobenen Preisklasse
upset price Mindestpreis
upshot Ausgang, Ergebnis, Schlußeffekt
upside target Kursziel
upstart Emporkömmling
upswing konjunktureller Aufschwung, Preisanstieg
up tick geringfügiger Kursanstieg
up-to-date aktuell, auf dem laufenden, auf dem neuesten Stand, modern
up-to-dateness Aktualität, Modernität
upturn Aufschwung
upward revision Korrektur nach oben
upwards ansteigend
urban städtisch
urban area Stadtgebiet
urban renewal Stadtsanierung
urgency Dringlichkeit, Eile
urgent dringend, eilig
usable brauchbar, verwendbar
usance Brauch, Gepflogenheit, Laufzeit, Wechselfrist
useful brauchbar, nützlich, zweckmäßig
useful life Nutzungsdauer, wirtschaftliche Lebensdauer
user fee Benutzungsgebühr
user-friendly benutzerfreundlich
user's manual Benutzerhandbuch
usufruct nießbrauchen, nutznießen
usufructuary right Nießbrauch
usurious interest Wucherzinsen
usury Wucher
utilities Leistungen der Versorgungsunternehmen
utility value Nutzwert
utilization Ausnutzung, Auswertung, Nutzung
utilize ausnutzen, anwenden, nutzen
utmost äußerst; das Äußerste

V

vacancy freies Zimmer, offene Stelle
vacant frei, leerstehend, offen, unbesetzt
vacate frei machen, räumen, ungültig machen
vacation property Ferienbesitz
vacation replacement Urlaubsvertretung
vacation scheduling Urlaubsplanung
valid gültig, rechtskräftig
validate als richtig nachweisen, bestätigen, nachprüfen, verifizieren
validation Bestätigung
valuable wertvoll
valuables Wertgegenstände
valuation Bewertung, Schätzung, Schätzwert
valuation adjustment Wertberichtigung
valuation basis Bewertungsgrundlage
valuation of assets Bewertung des Anlagevermögens
value bewerten, schätzen; Wert, Wertstellung
value added Wertschöpfung

value-added tax (VAT) Mehrwertsteuer
value date Abrechnungstermin, Wertstellung
value for collection Inkassowert
value judgment wertende Feststellung, Werturteil
value variance Preisabweichung
vanilla issue Routineemission
variable annuity Rente mit veränderlichen Zahlungen
variable costs variable Kosten
variable factory overhead variable Fertigungsgemeinkosten
variable gross margin Deckungsbeitrag
variable interest rate variabler Zinssatz
variable life insurance fondsgebundene Lebensversicherung
variable profit Deckungsbeitrag
variable-rate mortgage (VRM) variabel verzinsliche Hypothek
variable unit costs variable Stückkosten
variance Abweichung, Bauausnahmegenehmigung
variation in quality Qualitätsabweichung
variety Abwechslung
variety store Einzelhandelsgeschäft mit Niedrigpreisen
vary abweichen, schwanken, variieren
VAT (value-added tax) Mehrwertsteuer
vault Tresor
veep (vice-president) Direktor, stellvertretender Vorsitzender
vehicle Fahrzeug, Hilfsmittel
vehicle fleet Fahrzeugpark
velocity Geschwindigkeit
vend verkaufen
vendee Käufer
vending machine Verkaufsautomat
vendor Verkäufer
vendue öffentliche Versteigerung
venture gewagtes Unternehmen
venture capital Wagniskapital
venture fund Wagnisfinanzierungsfonds
verbatim wortwörtlich
verdict Urteilsspruch
verify bestätigen, nachprüfen
versatile beweglich, nicht starr, vielseitig, wendig
versatility Vielseitigkeit
versus contra, gegen, im Vergleich zu
vertical merger vertikaler Zusammenschluß
vest übertragen, verleihen
vested interest althergebrachter Anspruch, wohlerworbenes Recht
via durch, über
viable ausführbar, lebensfähig
vicarious liability Haftung für fremdes Verschulden
vice president (veep) Direktor, stellvertretender Vorsitzender
vice versa umgekehrt
video display terminal Bildschirmgerät
videotext Bildschirmtext
view ansehen, betrachten, beurteilen
violation Rechtsverletzung, Verstoß
violation of contract Vertragsverletzung
VIP (very important person) prominente Persönlichkeit
virgin market unerschlossener Markt
virtual faktisch, tatsächlich
virtually im Grunde genommen, praktisch
vis major höhere Gewalt
vita Lebenslauf
vital lebenswichtig, wichtig
vocation Beruf, Berufung
void leer, nichtig, rechtsunwirksam
voidable anfechtbar

volatile heftig, schwankend, sprunghaft
volume Umfang, Volumen
volume business Massengeschäft, Mengengeschäft
volume discount Mengenrabatt
volume of business Geschäftsvolumen, Umsatzvolumen
volume of savings Sparaufkommen
volume of trade Umsatzvolumen
volume of work Arbeitsanfall
volume production Massenproduktion
volume risk Mengenrisiko
voluntary freiwillig
voluntary restraint freiwillige Beschränkung
voluntary settlement außergerichtlicher Vergleich
vote abstimmen, Stimme abgeben, wählen; Abstimmung, Votum, Wahl
votes Stimmabgaben
voting right Stimmrecht
voting stock stimmberechtigte Aktien
voucher Beleg, Gutschein
voucher audit Belegprüfung
voucher register Belegregister
VRM (variable-rate mortgage) variabel verzinsliche Hypothek
vs. (versus) contra, gegen, wider
vv (vice versa) umgekehrt

W

wage Entgelt, Lohn
wage agreement Lohnabschluß, Tarifvertrag
wage assignment freiwillige Lohnabtretung
wage bracket Lohngruppe
wage ceiling Höchstlohn
wage demands Lohnforderungen
wage earner Lohnempfänger
wage floor Grundlohn
wage freeze Lohnstopp
wage hike Lohnerhöhung
wage incentive Leistungslohnsystem
wage packet Lohntüte, Nettolohn
wager wetten; Wette
wage rate Lohnsatz
wages Lohn
wage settlement Lohnabschluß, Tarifvertrag
wage spread Lohnspanne
waive verzichten auf
waive a claim auf einen Anspruch verzichten
waiver Verzichterklärung
walk of life Beruf, soziale Stellung
walk out die Arbeit niederlegen, in Streik treten
walkout plötzliche Arbeitsniederlegung
walk-up Haus ohne Fahrstuhl
wallet Brieftasche
Wall Street Bank- und Börsenstraße in New York, US-Wertpapiermarkt
want ads Kleinanzeigen, Stellenangebote
wants and needs Bedürfnisse
warehouse einlagern, speichern; Depot, Lagerhaus
warehouse receipt Lagerschein
warrant bürgen, garantieren, zusichern; Bezugsrecht, kurzfri-

stige Kommunalanleihe, Lagerschein

warrant bond Optionsanleihe

warranty Garantie, Gewährleistung, Zusicherung

wash sale Scheingeschäft (gleichzeitiger Kauf und Verkauf von Wertpapieren)

waste vergeuden, verschwenden; Abfall, Verschwendung

waste away dahinschwinden, verfallen

wastrel Ausschußware, Verschwender

watered stock verwässerte Aktien

waterproof wasserdicht

water-repellent wasserabstoßend

wave Welle

waver wanken

way Art, Art und Weise, Möglichkeit

waybill Frachtbrief

wealth Reichtum, Vermögen

wear and tear Abnutzung durch Gebrauch

weather überstehen

weekly wöchentlich; Wochenblatt

weekly schedule Wochenübersicht

weigh wiegen

weight gewichten, schwerer machen; Gewicht

weighted average gewogener Mittelwert

welfare Fürsorge, Wohlfahrt

welfare management hausväterliche Betriebsführung

welfare state Wohlfahrtsstaat

well-to-do wohlhabend

welsh sich seinen Zahlungsverpflichtungen entziehen

wheel and deal gewieft Geschäfte machen

wheeler-dealer ausgebuffter Geschäftsmann, Geschäftemacher

whispering campaign Flüsterpropaganda

white-collar crime Wirtschaftskriminalität

white-collar worker Büroangestellter

white goods weiße Ware

white knight Retter, der eine feindliche Übernahme verhindert

whole life insurance Todesfallversicherung

wholesale en gros; Großhandel

wholesale price index Erzeugerpreisindex

wholesaler Großhändler

wholesale trade Großhandel

wildcat strike wilder Steik

will Wille, Testament

willingness Bereitschaft

windfall Glücksfall, warmer Regen, Zufall

windfall profit unerwarteter Gewinn

winding-up Abwicklung, Auflösung, Liquidation

window Bildschirmfenster

window display Schaufensterauslage

window dressing Bilanzkosmetik, Bilanzverschleierung

window shopping Schaufensterbummel

wind up auflösen, abwickeln, liquidieren

wire house große Maklerfirma

wishful thinking Wunschdenken

withdraw abheben, entnehmen, sich zurückziehen

withdrawal Abhebung, Austritt, Zurücknahme

withhold vorenthalten, zurückhalten

withholding Einbehaltung

withholding tax Quellensteuer

without recourse ohne Regreß

witness bezeugen; Zeuge

wits Verstand

worded abgefaßt

word processing Textverarbeitung

word processor Schreibcomputer, Textverarbeitungssystem
wordsmith professioneller Schriftsteller
word wrap automatischer Zeilenumbruch
work arbeiten, funktionieren; Arbeit, Leistung
workable brauchbar, nützlich, praktikabel
workaholic jemand, der von Arbeit besessen ist
worker Arbeiter, Berufstätiger
workers compensation Arbeiterunfallversicherung
work ethic Arbeitsethik
work force Arbeitskräftepotential, Belegschaft
working berufstätig
working capital Betriebskapital
working climate Arbeitsklima
working inventory Grundbestand
working lunch Arbeitsessen
workload Arbeitsbelastung
workman Arbeiter, Handwerker
workmanship Qualitätsarbeit, Verarbeitungsqualität
work order Arbeitsauftrag
work overtime Überstunden machen
work permit Arbeitserlaubnis
works Fabrik, Werk
work sheet Abschlußblatt, Arbeitsblatt
workshop Betrieb, Seminar, Werkstatt
work simplification Arbeitsvereinfachung
work station Arbeitsplatz, Arbeitsstation
work unit Produktionseinheit
World Bank Internationale Bank für Wiederaufbau und Entwicklung, Weltbank
world trade Welthandel
worth the money preiswert
would-be angehend, erfolglos, sogenannt
wrapping Verpackung
writ Erlaß, gerichtlicher Befehl
write a check einen Scheck ausstellen
write off abschreiben
writer Verkäufer einer Option, Versicherer
write up aufwerten, zuschreiben; Zuschreibung
writing Verkauf einer Option
written-down value Restwert
wt (weight) Gewicht

X

X (ex interest) ohne Stückzinsen
XD (ex dividend) ex (ohne) Dividende
x div (ex dividend) ex (ohne) Dividende
xi (ex interest) ex (ohne) Zinsen
XI (ex interest) ex (ohne) Zinsen
XL (extra large, extra long) extragroß, extralang
XR (ex rights) ex (ohne) Bezugsrecht
XS (extra small) extraklein

Y

Yankee bond market Anleihemarkt in USA für ausländische Emittenten
yard Bauplatz, Hof, Stapelplatz, Yard (0,9144 m)
yardstick Kriterium, Maßstab, Zollstock
year-end Jahresabschluß
year-end dividend Abschlußdividende
yearly jährlich
yellow pages die gelben Seiten, Branchenverzeichnis
yellow press Sensationspresse
yield Ausbeute, Effektivverzinsung, Nominalverzinsung, Rendite
yield curve Zinsertragskurve
yield interest Zinsen tragen
yield management Ertragsmanagement
yield spread Renditenspanne
yield to average life Rendite auf durchschnittliche Laufzeit
yield to call Rendite einer kündbaren Anleihe
yield to maturity Rückzahlungsrendite
yo-yo stock Aktie, die sehr kräftigen Kursschwankungen unterliegt
yuppie (young urban professional) Yuppie (junger karrierebewußter Aufsteiger)

Z

ZBB (zero-base budgeting) Null-Basis-Budgetierung
zero bonds Nullkuponanleihen
zero-coupon bonds festverzinsliche Papiere (Ertragsausschüttung am Ende der Laufzeit)
zero economic growth Nullwachstum
zero option Nullösung
zero population growth Null-Bevölkerungswachstum
zero rating Mehrwertsteuerbefreiung
zero sum game Nullsummenspiel
ZIP Code Postleitzahl in USA (fünfstelliger Nummernschlüssel)
zoning Aufstellung von Flächennutzungsplänen, Gebietsaufteilung
zoning ordinance baurechtliche Vorschrift

Business Dictionary

Deutsch – Englisch

A

abändern change, modify
Abänderung modification
Abandon abandonment
abandonnieren abandon
abarbeiten work off
Abbau downsizing, reduction
abbauen cut, dismantle, reduce
abbestellen cancel
abbilden depict, illustrate
Abbildung drawing, illustration
abbrechen break off, call off, interrupt, stop
Abbruch break off, dismantlement
abbuchen debit
Abbuchungsauftrag credit transfer instruction
Abbuchungsverfahren direct debiting service
ABC-Analyse ABC analysis
abdecken cover, make good, repay
Abendessen dinner, evening meal
Abendkurse evening classes
Aberdepot deposit of fungible securities
Abfahrt departure, descent
Abfall decline, scrap, spoilage, waste
Abfallbeseitigung waste disposal
abfallen decline, fall off
abfällig disparaging
Abfallprodukt waste product
Abfallwirtschaft waste disposal industry
abfassen compose, draw up, formulate
Abfassung wording
abfertigen dispatch
Abfertigung clearance, dispatch
abfinden indemnify, pay off, satisfy
Abfindung compensation, lump-sum settlement, severance pay
Abgabe duty, tax
Abgabefrist due date
Abgaben fiscal charges
abgabenfrei duty-free, tax-free
Abgabenordnung fiscal code, general tax code
abgabenpflichtig liable to tax, taxable
Abgabenpreis selling price
Abgabenquote tax load ratio
Abgabetermin filing date
Abgang loss, depreciation
Abgänge losses, retirements
abgeleitet derived
abgemacht agreed, it's a deal
abgesehen von apart from, except for
abgestimmtes Verhalten concerted action
Abgrenzungskosten accruals and deferrals
abhängen von depend upon
abhängig dependent
abhängig Beschäftigte employees, wage and salary earners
abhängiges Unternehmen controlled enterprise
Abhängigkeitsbericht dependence report
abheben draw, withdraw
Abhebung withdrawal
Abholung collection
ab Kai ex quay
Abkommen agreement, settlement
Abladegewicht shipping weight
abladen discharge, unload
Ablauf expiration, expiry
ablaufen become due, expire, lapse

Ablauffrist due date, maturity, time limit
Ablauforganisation operational structuring
Ablaufplanung operational planning
ablehnen decline, refuse, reject
Ablehnung refusal, rejection
abliefern deliver
Ablieferung delivery
Ablieferungstermin delivery date
ablösen redeem, repay, satisfy
Ablösesumme redemption sum
Ablösung redemption, repayment
abmachen agree about, arrange
Abmachung agreement
Abnahme acceptance, collection, decrease, taking delivery
Abnahmebedingungen terms of acceptance
abnehmen buy, decline, decrease, purchase, slow down
Abnehmer buyer, customer, purchaser
Abnutzung wear and tear
Abnutzungsrestwert scrap value
Abonnement subscription
Abonnent subscriber
abonnieren subscribe
abraten advise against
abrechnen account for, settle accounts
Abrechnung settlement of accounts, statement of accounts
Abrechnungsverkehr clearing system
Abrechnungszeitraum accounting period
Abreise departure
Abreisedatum date of departure
abreisen depart, leave
Abruf call
Abrufauftrag off-the-shelf order
abrufen retrieve
abrunden round off
Absage refusal
absagen call off, cancel
absahnen skim off
Absatz sales, sales volume, turnover
Absatzanstieg jump in sales
Absatzbedingungen market conditions
Absatzchancen sales prospects
Absatzförderung marketing, sales promotion
Absatzforschung marketing research
Absatzhonorar royalty
Absatzkosten distribution costs
Absatzmittler middleman
Absatzplan sales budget
Absatzplanung sales planning
Absatzpolitik marketing policy
Absatzprognose sales forecast
Absatzschwierigkeiten marketing problems
Absatzstatistik sales statistics
Absatzweg channel of distribution
Absatzwirtschaft marketing
Absatzzahlen sales figures
Absatzziel sales goal
abschätzen estimate, evaluate
Abschätzung assessment, estimate, estimation, evaluation
abschicken send off
ab Schiff ex ship
Abschlag allowance, discount, rebate, reduction
Abschlagsdividende interim dividend
Abschlagszahlung partial payment, payment on account
abschließen conclude, close, end, settle
Abschluß completion, conclusion of a sale, deal, transaction
Abschlußbogen spreadsheet
Abschlußbuchung closing entry
Abschlußprüfer auditor
Abschlußprüfung audit, statutory audit
Abschlußtermin closing date
Abschlußübersicht table of balance sheet figures

Abschlußzahlung final payment
abschöpfen siphon off, skim off
Abschöpfung absorption, levy
abschreiben deduct, write off
Abschreibpolice floater policy
Abschreibung depreciation, writeoff
Abschreibungsgrundlage depreciation base
Abschreibungsmöglichkeit depreciation allowance
Abschrift copy
Abschwächung decline, weakening
Abschwung downswing
absehbar foreseeable
Absender sender
Absendung dispatch
absetzbar deductible, marketable
absetzen deduct, dispose of, distribute, market, sell
Absetzung removal
Absetzung für Abnutzung tax writeoff
absichern cover
Absicht intention, purpose
absichtlich deliberately, on purpose
Absichtserklärung declaration of intention
Abstand distance, indemnity payment, interval
abstimmen adjust, balance
Abstimmung balancing, reconciliation, vote
abstoßen sell off, unload
Abteilung department
Abteilungsleiter head of a department
Abteilwagen railway passenger car
abtragen pay off
abtrennen detach, separate
Abtretung assignment, cession
abwälzen pass on
abwärts downward
Abwasserabgabe sewage levy
Abwasserkosten sewage disposal costs
abweisen turn down
abweisend dismissive, unfriendly
abwerben entice away
Abwerbung contracting away, headhunting, hiring away
ab Werk ex works
abwerten devalue
Abwertung currency devaluation
abwesend absent
Abwesenheit absence
Abwesenheitsquote rate of absenteeism
abwickeln settle, wind up
Abwickler liquidator
Abwicklung adjustment, handling, processing, settlement
Abwicklung eines Auftrags handling of an order
Abwicklungsbilanz liquidation balance sheet
Abwicklungsfirma company in liquidation
Abwicklungskonto settlement account
Abwicklungstermin settlement date
abzahlen pay off
abzählen count out
Abzahlung repayment
Abzahlungsgeschäft installment plan
abziehen deduct
abzinsen discount
Abzinsung discounting
Abzinsungsfaktor discount factor
Abzug deduction, discount
A-conto-Zahlung payment on account
addieren add
Additionsfehler adding mistake
administrierter Preis administered price
Adressat addressee
Adresse address

adressieren address
Advokat lawyer
Agent agent
Agentur agency
Agglomeration agglomeration
Aggregation aggregation
Agio agio, premium, stock discount
Agiotheorie agio theory of interest
Agrarerzeugnis agricultural product
Agrarkredit agricultural loan
Agrarmarktordnung agricultural market organization
Agrarpolitik agricultural policy
Agrarpreissystem farm price system
Agrarprodukt farm product
Agrarsubventionen farm subsidies
Akkord agreement, piecework
Akkordarbeit piecework
Akkordlohn piecework rate
akkreditieren accredit
Akkreditiv letter of credit
AKP-Länder ACP countries
Akte dossier, file
Aktenschrank filing cabinet
Aktenzeichen file number
Aktie share, stock
Aktienagio share premium
Aktienbestand shareholding
Aktienbewertung stock rating
Aktienbörse stock exchange, stock market
Aktienbuch capital stock register
Aktiendepot stock portfolio
Aktienemission share issue
Aktienfonds equity fund
Aktiengesellschaft corporation, joint-stock company
Aktiengesetz stock corporation law
Aktienindex stock index
Aktienkurs share price, stock price
Aktienmakler stockbroker
Aktienmantel stock certificate
Aktiennotierung stock quotation
Aktienpaket block of shares
Aktienspekulation speculation in shares
Aktiensplit stock split
Aktientausch stock swap
Aktionär shareholder, stockholder
Aktiva assets
Aktivbestand available assets
Aktivierung capitalization
Aktivierungsverbot prohibition to capitalize
Aktivierungswahlrecht option to capitalize
Aktivsaldo active balance
Aktivwechsel bills outstanding
aktuell current, up-to-date
Akzelerator accelerator
Akzept acceptance
Akzeptant acceptor
akzeptieren accept
Akzeptierung acceptance
Akzeptkredit acceptance credit
Alleineigentümer sole owner
Alleinerbe sole heir
alleiniger Eigentümer sole proprietor
Alleinimporteur sole importer
Alleinverkaufsrechte sole selling rights
Alleinvertreter sole agent
Alleinvertrieb exclusive distribution
allerdings certainly, indeed, surely
allerlei all kinds of, various
allgemeine Geschäftsbedingungen general terms of business
Allgemeines Zoll- und Handelsabkommen General Agreement on Tariffs and Trade
alljährlich annual
allmählich gradual
Allokation der Ressourcen allocation of resources
Allonge allonge

allseitig comprehensive, universal
Alternativkosten opportunity costs
Altersgrenze age limit, retirement age
Altersruhegeld old-age pension
Alterssicherung old-age security
Altmetall waste metal
Amortisation amortization, depreciation
Amortisationsfond sinking fund
amortisieren amortize, pay off, redeem
Amt office, official position
amtlich official
amtlicher Kursmakler official broker
amtlicher Markt official trading
Amtsgericht district court, local court
Amtszeichen dial tone
Analyse analysis
analysieren analyze
Analytiker analyst
analytisch analytical
Anbau annex, extension
anbei enclosed
anbelangen concern, relate to
anbieten offer, quote
anbringen bring, lodge
Anderdepot escrow security deposit
Anderkonto escrow account
ändern alter, change
Änderung alteration, change
andeuten denote, hint, indicate, point to
Andeutung allusion, indication
aneignen acquire
Aneignung acquisition, appropriation
Anfangsbestand opening inventory
Anfangsgehalt starting salary
Anfangskurs issuing price, opening price
anfechtbar contestable, questionable
anfechten contest, dispute
Anfechtung avoidance, contestation
Anforderung claim, demand, requirement
Anforderungsprofil job specification
Anfrage inquiry
anführen list
Angabe declaration, statement
Angaben details, particulars, specifications
angeben show off, specify
Angeberei showing-off
Angebot bid, offer, proposal, quotation, supply
Angebotselastizität elasticity of supply
Angebotskurve supply curve
angebotsorientierte Wirtschaftspolitik supply-side economics
Angebot und Nachfrage supply and demand
Angelegenheit concern, matter
angelernte Arbeitskräfte semi-skilled labor
angemessen appropriate, reasonable, suitable
angenommen assuming, supposing
angesichts considering, in view of
Angestellter office worker, salaried employee
angewandte Forschung applied research
angewiesen auf dependent on
Angstklausel no-recourse clause
Anhang appendix, supplement
anheften attach
Anhörung consultation, hearing
Ankauf purchase
ankaufen buy, purchase
Ankaufgebühr sales charge, sales load
Anklage charge, accusation
Ankläger plaintiff
ankündigen announce, publicize

Ankündigung announcement
Ankunft arrival
Anlage enclosure, investment, plant, works
Anlageberater investment counsel
Anlageberatung investment counseling
Anlagegüter capital goods
Anlagekredit investment credit
Anlagenbuchhaltung fixed-asset accounting
Anlagendeckung equity-to-fixed assets ratio
Anlagengitter fixed-assets movement schedule
Anlagenintensität capitalization ratio
Anlagenkartei fixed-assets register
Anlagenspiegel fixed-assets movement schedule
Anlage- und Ausrüstungsinvestitionen plant and equipment investments
Anlagevermerk enclosure notation
Anlagevermögen capital assets, plant and equipment
Anlageverwaltung investment management
Anlauf start
Anlaufkosten initial development cost, start-up expenses
Anlaufverluste start-up losses
anlegen invest
Anleihe bond, loan
Anmeldung application, registration
Annahme acceptance
Annahmeverzug default in acceptance
annehmbar acceptable
annehmen accept, adopt, assume, suppose, take
Annuität annuity
anpassen adapt, adjust
Anpassung adaptation, adjustment
anpassungsfähig adaptable
Anpassungsfähigkeit adaptability
anrechnen credit
Anrecht entitlement
Anrede salutation
Anreiz incentive, sweetener
Anreizsystem incentive system
anrichten cause
Anrufbeantworter answering machine
Ansager announcer
anschaffen obtain, procure
Anschaffung acquisition, purchase
Anschaffungskosten acquisition cost
Anschlußkonkurs bankruptcy proceedings
Anschwärzung disparagement of goods
Ansehen standing
Ansichtssendung consignment on approval
Anspannung strain
Ansporn goad, incentive
Anspruch claim, demand
Ansprüche stellen make demands
anstellen appoint, employ
anstrengend strenuous
Anteil share
Anteilschein interim certificate
Anteilsrechte equity interests
antizipative Posten accruals
Antrag application, offer, proposal
Antragssteller applicant
anwählen dial
Anwalt lawyer, solicitor
Anwartschaft candidacy, expectancy
Anwartschaftsrecht expectant estate, remainder interest
Anwartschaftsrente deferred annuity
anweisen instruct, transfer
Anweisung instruction, order, remittance, transfer

anwendbar applicable
anwenden apply, employ, use
Anwendung application
anwerben recruit
Anzahlung deposit, down payment
Anzeichen evidence, indication
Anzeige ad, advertisement
Anzeigenraum space
Anzeiger indicator
Apparat apparatus, appliance
Arbeit employment, job, labor, occupation, work
arbeiten an work on
Arbeiter laborer, worker
Arbeitgeber employer
Arbeitgeberanteil employer's contribution
Arbeitgeberverband employer association
Arbeitnehmer employee
Arbeitnehmeraktie employee share
Arbeitnehmeranteil employee's contribution
Arbeitsablaufplanung work flow planning
Arbeitsamt unemployment office
Arbeitsbeschaffung job creation
Arbeitsbeschaffungsmaßnahme job-creating measure
Arbeitsbewertung job evaluation
Arbeitsdirektor director of labor relations
Arbeitsentgelt employee compensation
Arbeitserlaubnis work permit
arbeitsfähig able to work
Arbeitsgerichtsbarkeit labor jurisdiction
Arbeitsgestaltung job design
Arbeitskampf labor dispute
Arbeitslohn wage, wages
arbeitslos unemployed
Arbeitslosengeld unemployment pay
Arbeitslosenhilfe unemployment assistance
Arbeitslosenquote jobless rate
Arbeitslosenunterstützung unemployment benefits
Arbeitslosenversicherung unemployment insurance
Arbeitsloser unemployed person
Arbeitslosigkeit unemployment
Arbeitsmarkt job market
Arbeitsmarktpolitik labor market policy
Arbeitspapiere working papers
Arbeitsproduktivität labor productivity
Arbeitsrecht labor law
Arbeitsschutz job protection
Arbeitstakt work cycle
Arbeitsteilung division of labor
Arbeitsunfähigkeit disability, inability to work
Arbeitsunfall accident at work
Arbeitsverhältnis working relationship
Arbeitsvermittlung employment agency, job placement
Arbeitsvermögen human capital
Arbeitsvertrag employment contract
Arbeitsvorbereitung work scheduling
Arbeitszeit working hours
Arbeitszeitverkürzung reduction of working hours
Arbitrage arbitrage
Arbitrageverfahren arbitration proceedings
Archiv archives
arithmetisches Mittel arithmetic mean
Arrest attachment
Assekuranz insurance, underwriting
assoziiertes Unternehmen associated undertaking
Asyl asylum
Atomkraftwerk nuclear power plant
auf Abruf on call, on demand
auf Anforderung on request

aufarbeiten work off
Aufbauorganisation structure of an organization
aufbessern improve
Aufbesserung improvement
aufbewahren keep, store
Aufbewahrung safekeeping, storage
Aufbewahrungspflicht record retention requirements
aufbrauchen use up
aufdecken disclose, reveal
Aufenthalt stay, stop
Aufenthaltserlaubnis residence permit
Auffassung interpretation, opinion
Aufforderung zur Zahlung demand for payment
Aufgabenbereich scope of duties
Aufgebotsverfahren cancellation proceedings
Aufgeld agio, extra charge, premium
aufheben annul, cancel, revoke, terminate
Aufhebung annulment, avoidance, invalidation, repeal
aufhören cease
Aufkleber sticker
Auflage charge, circulation, condition, requirement
auf Lager in stock, on hand
auflösen cancel, close down
Auflösung cancellation, closure
aufnehmen absorb
Aufpreis surcharge
auf Probe on approval, on trial
Aufrechnung balancing of accounts, compensation, settlement
aufrufen call up
aufschieben delay, put off
Aufschiebung delay, postponement
Aufschlag extra charge, surcharge
aufschlagen raise
aufschlußreich revealing
Aufschwung boom, upswing, upturn
Aufseher supervisor
auf Sicht at sight
Aufsicht control, supervision
Aufsichtsrat board of directors, supervisory board
aufstellen install
Aufstellung installation, itemization, list, schedule, specification
Aufstiegschancen career prospects
aufteilen split
Aufteilung split
Auftrag order, sales order, instruction
Auftrag erteilen place an order
Auftraggeber client, customer, principal
Auftragnehmer contractor, supplier
Auftragsbearbeitung order processing
Auftragsbestätigung confirmation of an order
Auftragsbuch order book
Auftragsflut flood of orders
Auftragsrückstand backlog of orders
Aufwand cost, expenditure, expense, outlay
Aufwandsentschädigung expense allowance
aufwandsgleiche Kosten current outlay costs
aufwenden spend
aufwendig expensive
Aufwendung expenditure
Aufwertung appreciation, revaluation
aufzählen list
aufzinsen accumulate
Aufzinsung accumulation of interest
Aufzinsungsfaktor accumulation factor
Auktion auction

Ausbeute gain, profit, yield
Ausbeuter exploiter
Ausbeuterbetrieb sweatshop
Ausbeutung exploitation
Ausbilder instructor
Ausbildung education, training
Ausbildungsfreibetrag education allowance
Ausbildungskosten training costs
Ausbildungsversicherung educational endowment insurance
Ausdauer staying power
ausdehnen expand, extend
Ausdehnung expansion, extension
ausdrücklich explicit, express
Auseinandersetzung distribution of assets
Ausfall breakdown, deficiency, deficit, failure, loss
Ausfallbürgschaft indemnity bond
Ausfallzeit downtime
ausfertigen draw up, issue
Ausfuhr export
ausführbar feasible
Ausführbarkeit feasibility
Ausfuhrbürgschaft export guaranty
ausführen carry out, export, perform
Ausfuhrerklärung export declaration
Ausfuhrerstattung export refund
Ausfuhrfinanzierung export financing
Ausfuhrförderung export promotion
Ausfuhrgarantie export credit guaranty
Ausfuhrgenehmigung export permit, export licence
ausführlich detailed, in detail, in full
Ausführung execution, performance
Ausgabekurs issue price
Ausgaben expenditure, expense, outlay, spending
ausgeben spend
ausgewiesenes Kapital stated capital
Ausgleich compensation, settlement
ausgleichen balance, settle
Ausgleichsabgabe compensatory charge
Ausgleichsanspruch equalization claim
Ausgleichsfonds equalizing fund
Auskunft information
Auskunftei credit bureau
Auskunftsersuchen request for information
Auslagen expenses
Auslandsabteilung foreign department
Auslandsanleihe external loan, foreign loan
Auslandsvertreter foreign representative
Auslandswechsel foreign bill of exchange
Auslandszahlungsverkehr international payments transactions
Auslastungsgrad operating performance
ausliefern deliver
Auslieferung delivery
Auslieferungslager distributing warehouse
Auslosung bond drawing by lot
Ausmaß extent, scale
ausnehmen shake down
ausnützen exploit, take advantage of
ausnutzen utilize
Ausrüstung equipment
Ausrüstungsinvestitionen plant and equipment outlay
Aussage declaration, statement
aussagen declare, state
ausschließen eliminate, exclude
Ausschließlichkeitsbindung exclusive dealing
Ausschluß exclusion

Ausschlußkauf preclusive buying
ausschreiben invite tenders
Ausschreibung invitation for tenders
Ausschreibungsangebot tender offer
Ausschuß board, committee, junk, rejects, wastage
Außenbeitrag net export
Außendienst field service
Außendienstmitarbeiter field worker
Außenfinanzierung external financing
Außenhandel export trade, foreign trade
Außenhandelsfinanzierung foreign trade financing
Außenhandelsmonopol foreign trade monopoly
Außenhandelspolitik foreign trade policy
Außenhandelsstatistik foreign trade statistics
Außenorganisation field organization
Außenprüfung government audit
Außenseiter outsider
Außenstände accounts receivable, outstanding debts
Außenstelle field office
Außenverpackung external packaging
Außenversicherung external insurance
Außenwert external value
Außenwirtschaft foreign trade
Außenwirtschaftspolitik commercial policy
außer excluding
außergerichtlicher Vergleich out-of-court settlement
außerordentlich extraordinary
außerordentlicher Aufwand extraordinary expenses
äußerst utmost
äußerster Preis lowest price
aussetzen suspend
Aussicht outlook, prospect
Aussonderung appropriation, selection, sorting out
Aussperrung lockout
ausstatten equip
Ausstattung equipment, funding, terms of a loan
ausstehend outstanding
ausstellen draw up, exhibit, write out
Aussteller drawer, exhibitor
Ausstellung exhibition, fair, show, trade fair
Ausstellungsdatum date issued, date of issue
Ausstellungsraum showroom
Aussteuerversicherung endowment insurance
Austausch exchange, replacement
Ausverkauf clearance sale, sellout
ausverkauft sold out
Auswahl choice, collection, selection
auswählen select
auswärtig external
ausweichen dodge, evade, stonewall
ausweichend elusive, evasive
auswerten evaluate
Auswertung evaluation
auszahlen pay out
Auszahlung disbursement, payment, payout
Auszubildender apprentice, trainee
Autarkie autarchy
Autohändler car dealer
Autoindustrie automobile industry
Automat vending machine
automatisieren automate
Autozubehör automobile accessories
Aval guaranty, surety

Avalakzept collateral acceptance
Avalkredit surety credit
Avalwechsel guaranteed bill of exchange
avisieren advise, inform, notify

B

Babyaktien baby bonds
Bagatellkartell minor cartel
Bagatellschaden small loss, petty damage
Bahnfracht rail charges, rail freight
Baisse decline, price drop, stock market slump
Baissemarkt bear market
Baisseposition bear account, short position
Ballen bale
Bandbreite band, margin, spread
Bank bank, banking house
Bankakzept bank acceptance
Bankauszug bank statement
Bankavis bank advice
Bankbürgschaft bank guaranty
Bank der Banken banker's bank
Bankdiskont bank discount rate
Bankenaufsicht bank supervision
Bankenaufsichtsbehörde bank regulatory agency
Bankenkonsortium banking consortium
Bankenstimmrecht proxy voting power
Bankensystem banking system
Bankgebühren bank charges
Bankgeheimnis bank secrecy, banking secrecy
Bankguthaben bank balance, bank holdings, cash in bank
Bankkonto bank account
Bankleitzahl bank code number, transit number
Banknote bank note, bill, paper
Bankobligationen bank bonds
Bankplatz banking center, banking place
Bankpolitik banking policy
bankrott bankrupt, broke
Bankrott bankruptcy
Bankrotteur bankrupt
Bankrott machen go bankrupt
Bankscheck bank check, certified check
Bankschuldverschreibung bank bond
Bankspesen banking charges, bank commission
Banküberweisung bank remittance
Bankverbindung bank affiliation
bar in cash
Barakkreditiv cash letter of credit
Bardepot cash deposit
Bardividende cash dividend
Bargebot minimum cash bid
Bargeld cash, cash money, cash on hand
bargeldloser Zahlungsverkehr cashless money transfer
bargeldloses Einkaufen cashless shopping
Bargeldumlauf money in circulation
Barkauf cash purchase
Barrengold gold bullion
Barscheck cash check, uncrossed check
Barvermögen liquid funds
Barzahlung cash payment
Barzahlungsrabatt cash discount
Basisjahr base year

Basispreis basic price, strike price
Bauarbeit construction work
Bauauftrag construction order
Baudarlehen building loan
baufällig dilapidated
Baugenossenschaft building society
Baugerüst scaffold, scaffolding
Baugewerbe construction industry
Bauplatz construction site
Baureihe series
Bausparen cash savings plan
Bausparkasse savings and loan association
Bauspekulant speculative builder
beabsichtigen contemplate, intend, propose
beachtlich considerable, substantial
Beamter civil servant, government employee
beanspruchen claim
beanstanden complain about, reject
Beanstandung complaint, rejection
beantragen apply for
bearbeiten handle, process, work on
Bearbeiter person in charge, person responsible
Bearbeitungsgebühr handling charge, service charge, service fee
beaufsichtigen control, supervise
Beaufsichtigung control, supervision
beauftragen authorize, commission
Beauftragter agent, deputy
bebaute Fläche built-up area
bebildern illustrate
bebildert illustrated
Bedarf demand, need, requirement, want
Bedarf decken cover requirements
Bedarf haben need, require
bedenken consider, think over
Bedenkzeit time to think it over
bedeuten imply, mean, signify
bedeutsam significant
Bedeutung significance
bedeutungslos insignificant, meaningless
Bedeutungslosigkeit insignificance
bedienen operate, serve, service, work
Bedienung service
Bedienungsanweisung instruction manual
bedingt conditional, limited
Bedingung condition
bedrückend oppressive
Bedürfnis need, necessity, want
Bedürfnishierarchie hierarchy of needs
beeindrucken impress
beeinflussen affect, influence
beendigen end, finish, terminate
Beendigung end, termination
befähigen enable
befähigt able, qualified
Befähigung capacity, qualification
befördern dispatch, convey, promote
Beförderung advancement, promotion, transport
Beförderung nach dem Dienstalter seniority system
Beförderungskosten freight charges
Beförderungsmittel means of transportation
Beförderungsvertrag forwarding contract, shipping contract
Befragung opinion poll
befreien exempt
Befreiung exemption
befriedigen satisfy
Befriedigung satisfaction

befristet limited, temporary
befristeter Vertrag limited contract
befristetes Arbeitsverhältnis limited employment contract
Befristung fixing of a time limit
befugen authorize, empower
Befugnis authority, right
befugt authorized
befürworten advocate, recommend
Begebung issue, negotiation
begehen commit
beglaubigen attest, authenticate, certify
Beglaubigung certification
begleichen pay, satisfy, settle
Begleichung payment, satisfaction, settlement
begleiten accompany
Begleitpapier accompanying document
Begleitschreiben covering letter
begrenzt limited, restricted
begründen account for, establish, explain, found, justify
Begründer founder
Begründung reasons
begrüßen welcome
begünstigen favor, further, promote
Begünstigter beneficiary
behalten retain
behandeln deal with, handle, treat
beharren persist
beharrend persistent
Beharrlichkeit persistence
behaupten allege, claim, maintain
Behauptung allegation, claim
Beherrschungsvertrag controlling agreement
behindern hamper, impede
Behinderungswettbewerb restraint of competition
Behörde authority, authorities
beifügen attach, enclose
beigefügt enclosed
Beihilfe financial aid, subsidy
beiliegend enclosed
bei Sicht zahlbar payable at sight, payable on demand
beispiellos unprecedented
Beistandsabkommen standby arrangement
beisteuern contribute
Beitrag contribution, dues, share, subscription
beitragen contribute, subscribe
Beitragender contributor
Beitragsbemessungsgrenze income threshold
Beitragsrückerstattung premium refund
Beitreibung collection of money due
bejahen affirm, agree to
Bekanntgabe announcement, disclosure
Bekleidungsunternehmen clothing manufacturer
bekommen gain, obtain
bekräftigen confirm, strengthen
beladen load
belasten burden, debit
belästigen inconvenience
Belastung burden, charge, debit, drain, strain
Beleg slip, receipt, record, voucher
Belegbuchhaltung voucher bookkeeping
Belegleser document reader
Belegschaft employees, staff, work force
Belegschaftsaktie employee stock
Beleihungsgrenze credit line, lending limit
Beleihungswert collateral value, loan value
beliefern supply
Belieferung supply
belohnen reward
Belohnung reward

bemerken note, remark
Bemessung assessment, rating, valuation
Bemessungsgrundlage basis of assessment
benachrichtigen inform, notify
Benachrichtigung notification
benennen nominate
benötigen need, require
benutzen make use of, use
benutzerfreundlich user friendly
Benutzung use
beraten advise, consult with, give advice
beratend advisory
beratender Ausschuß advisory committee
Berater advisor, counselor
Beratung advice, consultation
Beraubung pilferage
berechnen calculate, charge, estimate
berechnend calculating
Berechnung billing, calculation, estimate, invoicing
berechtigen authorize, entitle
berechtigt authorized, entitled, justified
Berechtigung authority, authorization, right
Bereich area, sector
bereinigen adjust, correct
Bereinigung adjustment, correction
Bereitschaft standby
Bereitstellung appropriation, provision
Bereitstellungsgebühr standby fee
Bergbau mining
Bergbaugesellschaft mining company
Bergung recovery, salvage
Bergungsarbeiten rescue operations, salvage operations
Bericht account, report
berichten give an account, report
berichtigen adjust, correct, pay
Berichtigung correction, settlement
Berichtigungsaktie bonus share, stock dividend
berufliche Bildung vocational training
Berufsausbildung professional training, vocational training
Berufsberatung job counseling, vocational guidance
Berufskrankheit occupational disease
Berufsunfähigkeit disability, incapacity to work
Berufung appeal, appointment
beschädigen damage
Beschädigung damage
beschaffen furnish, provide, secure
Beschaffenheit condition, quality
Beschaffung procurement, provision, sourcing
beschäftigen employ, occupy
beschäftigt busy, employed, occupied
Beschäftigungsgrad level of employment, operating rate
Beschäftigungslage employment situation
Beschäftigungsprogramm jobs plan
Beschäftigungszeit period of employment
Bescheid wissen know all about it, know the situation
bescheinigen attest, certify
Bescheinigung certificate, receipt
beschlagnahmen seize
beschleunigen speed up
beschränken limit, restrict
beschränkte Geschäftsfähigkeit limited capacity to do business
beschränkte Haftung limited liability
Beschränkung squeeze
Beschreibung description, specification
beschuldigen accuse

Beschwerde complaint
besichtigen inspect, view
Besichtigung inspection
besiegeln seal
Besitz holding, possession, property
Besitzeinkommen property income
besitzen own, possess
Besitzer holder, owner, proprietor
Besitzwechsel note receivable on hand
Besoldung salary, wages
besprechen discuss, talk about
Besprechung conference, discussion
Besserungsschein income adjustment bond
Beständewagnis inventory risk
Bestandsdifferenz inventory discrepancy
Bestandskonto asset account, inventory account
Bestandsveränderungen inventory changes
Bestandsvergleich net worth comparison
Bestandsverzeichnis inventory, inventory list
bestätigen acknowledge, confirm, endorse, verify
Bestätigung confirmation, verification
Bestätigungsvermerk audit certificate
bestechen bribe
bestechlich bribable, open to bribery
Bestechung bribery
Bestechungsgelder bribes
Bestellbestand reordering quantity
bestellen order
Bestellformular order form, order sheet
Bestellnummer order number, purchase number
Bestellschein order form
Bestellung order
bestens at best, at the best price
besteuern tax
Besteuerung taxation
Besteuerungsgrundlage basis of taxation
Besteuerungsverfahren tax proceedings
bestimmen determine
Bestimmung clause, condition, direction, disposition, order, regulation, terms
Bestimmungshafen port of destination
Bestimmungsort place of destination
Beteiligung contribution, interest, participation, share
Beteiligungsgesellschaft holding company, joint venture company
Betreff re, subject
betreffen concern
betreffend concerning
Betreffzeile subject line
betreiben operate, pursue
Betrieb business, firm, undertaking
betriebliche Aufwendungen operating expenditure
betriebliches Vorschlagswesen employee suggestion system
betriebliche Vergünstigungen fringe benefits
Betriebsabrechnung cost accounting
Betriebsabrechnungsbogen cost distribution sheet
Betriebsänderung change in plant operation
Betriebsanlage industrial plant, works
Betriebsanweisung operating instructions
Betriebsarzt company doctor
Betriebsausgaben business deductions, operating expenses

betriebsbedingt operational
Betriebsbuchhaltung cost accounting
Betriebseinnahmen business receipts
Betriebseinrichtungen installations, plant and equipment
Betriebsergebnis operating result
Betriebsertrag operating revenue
betriebsfähig in working order, operative
betriebsfertig ready for operation
betriebsfremder Aufwand non-operating expense
Betriebsgeheimnis trade secret
Betriebsgröße plant size
Betriebshaftpflichtversicherung workmen's compensation
Betriebshierarchie management structure
betriebsintern internal
Betriebskapital working capital
Betriebsklima working climate
Betriebskosten operating costs
Betriebskrankenkasse company health insurance fund
Betriebsleiter plant manager, superintendent, works supervisor
Betriebsmittel operating funds
Betriebsmittelkredit working capital loan
Betriebsobmann shop steward
Betriebsoptimum ideal capacity
Betriebsorganisation plant organization
Betriebspersonal personnel, staff
Betriebsprüfung tax audit
Betriebsrat works council
Betriebsrisiko operational risk
Betriebsstillegung plant closure
Betriebsstoffe factory supplies
Betriebssystem operating system, production system
Betriebsübersicht table of balance sheet figures
Betriebsunfall industrial accident
Betriebsvereinbarung plant agreement
Betriebsvermögen operating assets
Betriebsvermögensvergleich balance sheet comparison
Betriebsversammlung factory meeting
Betriebsvorschriften operating instructions, working regulations
Betriebswirtschaftslehre business administration
Betriebszuschuß company contribution
Betrug fraud, swindle
betrügen cheat, deceive, swindle
Betrüger cheat, swindler
betrügerisch deceitful, fraudulent
beurkunden attest, certify
Beurkundung certification
beurlauben grant time off, send on holiday
beurteilen assess, judge, view
Beurteilung judgment, opinion
Bevölkerung population
Bevölkerungspyramide age pyramid
Bevölkerungsstatistik population statistics
bevollmächtigen authorize
bevollmächtigt authorized
Bevollmächtigter agent, authorized person, proxy, representative
bevorrechtigte Forderung preferential claim
bewahren preserve, save
bewährt proven
bewältigen cope with, deal with, master, overcome
Beweggrund motive
bewegliche Sache personal property
Bewegungsbilanz statement of application of funds
Beweis evidence, proof
beweisen prove

Beweislast burden of proof
Beweismittel evidence, proof
bewerben um apply for
Bewerber applicant, candidate
Bewerbung application
Bewerbungsschreiben letter of application
bewerkstelligen accomplish, arrange, achieve, manage
Bewertung appraisal, evaluation, valuation
Bewertungsgrundlage basis of valuation
bewilligen approve, grant
Bewilligung approval, authorization, sanctioning
bewirten entertain
Bewirtungskosten entertainment expenses
bewohnbar fit to live in
bewohnen inhabit, live in, occupy
Bewohner inhabitant, occupant
bezahlen pay, pay for
bezahlte Freizeit time off with pay
Bezahlung payment, settlement
bezeichnen denote, designate, identify, mark
bezeugen attest to
beziehen buy, purchase
Beziehungskauf direct purchase
beziehungsweise or, respectively
Bezogener acceptor, drawee
Bezug purchase, supply
Bezüge earnings, income, pay, salary
Bezugnahme reference
Bezugsgrößenkalkulation reference magnitude costing
Bezugskosten delivery costs, incidental purchasing costs
Bezugspreis subscription price
Bezugsquelle source of supply
Bezugsrecht preemptive right, subscription right
Bezugssperre refusal to buy
Bezugszeichen reference
bieten bid, offer
Bieten bidding
Bieter bidder
Bilanz balance sheet, financial statement
Bilanzänderung change in the financial statement
Bilanzauszug condensed balance sheet
Bilanzbuchhaltung auditing department
Bilanzdelikt balance sheet offense
Bilanzfälschung falsification of a balance sheet
Bilanzfrisur window dressing
Bilanzgewinn profit as shown in the balance sheet
Bilanzidentität balance sheet continuity
Bilanzierung balancing of an account
Bilanzierungsfachmann accounting practioner
Bilanzierungsvorschriften accounting principles
Bilanzjahr fiscal year
Bilanzkonto balance sheet account
Bilanzpolitik accounting policy
Bilanzposten balance sheet heading
Bilanzprüfer auditor, chartered accountant
Bilanzprüfung balance-sheet audit
Bilanzstichtag balance-sheet date
Bilanzsumme balance-sheet total
Bilanzvergleich comparison of balance sheets
Bilanzverlust loss as shown in the balance sheet
Bilanzverschleierung doctoring a balance sheet
Bilanzwert balance-sheet value, book value
bilaterales Monopol bilateral monopoly

Bilateralismus bilateralism
bilden constitute
Bildschirm monitor, screen
Bildung education, formation
billig cheap, inexpensive
billige Flagge flag of convenience
billigst at best
Bimetallismus bimetalism
bindend binding
Binnenhandel domestic commerce, domestic trade
Binnenmarkt domestic market, inland market
Binnenschiffstransport inland waterway transport
Bitte request
bitten ask, request
Blankoakzept acceptance in blank, uncovered acceptance
Blankoauftrag blank order
Blankoindossament blank indorsement
Blankokredit blank credit, unsecured loan
Blankopapiere blank instruments
Blankoscheck blank check
Blankoverkauf short sale
Blankovollmacht full power of attorney
Blankowechsel blank bill
Blankozession blank transfer
Blech sheet metal
blechen shell out
bleifrei unleaded
Blockfloaten block floating
Blockpolice ticket policy
Blockschrift block letters
Bodenkredit agricultural credit, mortgage loan
Bodenrente ground rent
Bodenschätze mineral resources
Bonifikation bonus, commission, rebate
Bonität credit standing, financial standing
Bordkonnossement on board bill of lading
Börse stock exchange, stock market
Börsenaufsicht supervision of the stock exchange
Börsenaufsichtsbehörde Securities and Exchange Commission
Börsenhändler broker, securities dealer, stockbroker
Börsenkurs list price, market price, quotation, stock price
Börsenmakler broker, exchange broker, stockbroker
Börsenmitglied member of a stock exchange
Börsenplatz stock exchange
Börsenzulassung listing on the stock exchange
Boykott boycott
Branche branch, line of business, sector
Brandstifter arsonist
Brandstiftung arson
Brauch custom, usage
brauchbar serviceable, useful, workable
Brauchbarkeit serviceability, usefulness
brauchen require
brennbar combustible, inflammable
Brennerei distillery
Briefhypothek certified mortgage
Briefkastenfirma front
Briefkopf letterhead
Briefkurs asked price, selling rate
brieflich by letter
Briefnotierung asked quotations
Broschüre brochure, leaflet
Bruch breach, breakage
bruchfest unbreakable
Bruchschaden breakage
brutto gross
Bruttoanlageinvestitionen gross investment in fixed assets
Bruttoeinkommen gross income
Bruttoergebnis earnings before taxes

Bruttoertrag gross proceeds
Bruttoetat gross budget
Bruttogehalt gross salary
Bruttogewicht gross weight
Bruttogewinn gross profit, gross margin
Bruttoinlandsprodukt gross domestic product
Bruttoinvestitionen gross investments
Bruttolohn gross pay
Bruttopreis gross price
Bruttoproduktion gross output
Bruttorechnung grossed income statement
Bruttosozialprodukt gross national produkt
Bruttovermögen gross wealth
Bruttowert gross value
Bruttowertschöpfung gross value added
buchen book, enter, record
Buchforderungen accounts receivable
Buchführung accounting, bookkeeping
Buchführungsbeleg accounting record, bookkeeping record
Buchführungssystem accounting system
Buchgeld bank deposit money
Buchgewinn paper profit
Buchhalter bookkeeper
Buchhaltung accounting department, bookkeeping
Buchhypothek registered mortgage
Buchmesse book fair
buchstabieren spell
buchstäblich literal
Buchung booking, entry, reservation
Buchungsbeleg bookkeeping voucher
Buchungsposten booking item
Buchungssatz entry
Buchungszeitraum accounting period, fiscal period
Buchverlust book loss
Buchwert book value
Budget budget
Budgetkosten budgeted cost
Bummelstreik go-slow, slowdown, work-to-rule
Bundesbank Federal Reserve Bank
Bundesbehörde federal agency
Bundesetat federal budget
Bundesgebiet national territory
Bundeshaushalt federal budget
Bundesschatzbrief federal savings bond
Bundesstaat federal state
Bündnis alliance
Bürge backer, guarantor, surety
Bürgschaft guaranty, surety
Bürgschaftserklärung surety bond
Büro bureau, office
Büroangestellter office worker, white-collar worker
Büroarbeit desk job
Büroausstattung office equipment
Bürobedarf office supplies
Bürobote office boy
Büroeinrichtung office furniture and equipment
Bürogebäude office building
Büroklammer paper clip
Bürokratie bureaucracy
bürokratisch bureaucratic
Büroleiter office manager
Büromaterial office supplies
Büromiete office rent
Büromöbel office furniture
Büropersonal office staff
Büroschluß closing time
Bürozeit business hours, office hours
Bußgeld fine, penalty

C

Cash-and-Carry-Klausel cash-and-carry clause
Cash Flow cash flow
Chancen chances, prospects
Chancengleichheit equal opportunity
Chaos chaos, pandemonium
Charakteristikum distinguishing feature
charakteristisch characteristic, typical
Charge batch, post
Chargenfertigung batch production
Chart-Analyse chart analysis
Charter charter
Charterflug charter flight
Chartergesellschaft charter carrier, charter operator
Chartermaschine charter plane
chartern charter
Chartervertrag charter contract, charter party
Chauffeur chauffeur, driver
chauffieren drive
checken check
Chef boss, chief, head
Chefetage executive floor
Chefin boss, head
Chefkoch chef
Chefredakteur editor-in-chief
Chefsekretärin personal secretary
Chefunterhändler chief negotiator
Chemie chemistry
Chemiefaser man-made fiber
Chemieindustrie chemicals industry
Chemiekonzern chemicals group
Chemiemarkt chemicals market
Chemiewerte chemicals (issues)
Chemikalien chemicals
Chemiker chemist
chemische Erzeugnisse chemical products
chemische Reinigung dry cleaner's, dry cleaning
Chiffre box number
Chiffre-Anzeige advertisement under a box number
Chirurg surgeon
chirurgisch surgical
Chronik chronicle
Chronologie chronology
chronologisch chronological
circa about, approximately
Clearingabkommen clearing agreement
clever astute, clever
Cleverneß astuteness
Clou highlight, main attraction, point
Comeback feiern make a comeback
Computerbrief personalized computer letter
Computerindustrie computer industry
computerisieren computerize
Computerkriminalität computer crime
Conferencier master of ceremonies
Containerhafen container terminal
Controlling controlling
Coupon coupon, dividend warrant, voucher
Courtage brokerage, broker's fee
Courtagensatz brokerage rate, commission rate

D

Dachgesellschaft holding company
Damnum debt discount, loan discount
Danksagung vote of thanks
darlegen demonstrate, expound, explain, represent
Darlegung explanation
Darlehen loan
Darlehen aufnehmen borrow money, secure a loan
Darlehen gewähren grant a loan
Darlehen kündigen recall a loan
Darlehensabgeld loan discount
Darlehensantrag application for a loan
Daseinskampf struggle for existence
Datenbanksystem data base system
Datenfernübertragung telecommunications
Datenschutzbeauftragter data protection officer
Datensicherung data protection
Datenverarbeitung data processing
Datowechsel dated bill of exchange
Dauer duration, length, period
Dauerarbeitslosigkeit chronic unemployment
Dauerauftrag standing order
dauerhaft durable, lasting
dauerhafte Güter durable goods
dauerhafte Produktionsmittel producer durables
Dauerkarte season ticket
dauern continue, last
Debatte debate, dispute
Debet debit
debitieren debit
Debitoren accounts receivable
Debitorenwagnis accounts receivable risk
decken cover
Deckung cover, coverage
Deckungsbeitrag profit contribution, variable gross margin
Deckungsbeitragsrechnung contribution margin accounting
Deckungsgrad cover ratio
Deckungsrücklage premium reserve
Deckungsschutz insurance cover
Deckungsstock premium stock
Deckungszusage binder, binding receipt
Defekt defect, flaw
Defensivstrategie defensive strategy
Defizit deficit
Deflation deflation
deflationär deflationary
Deflationierung deflating
Deflator deflator
degressive Abschreibung declining balance depreciation
delegieren delegate
Delkredere del credere, guarantee, surety
Delkredereprovision guarantee commission
Dementi official denial
dementieren deny
Demographie demography
Demoskopie public opinion research
deponieren deposit, place
Deport delayed delivery penalty
Depositen deposits
Depositenkonto deposit account
Depot depository, portfolio, warehouse
Depotgeschäft deposit banking, portfolio management

Depotstimmrecht proxy voting right
Depotwechsel collateral bill
Deregulierung deregulation
deshalb consequently
Desinvestition disinvestment
deutlich definite, marked, perceptible
Deutsche Bundesbank German Central Bank
Deutscher Aktienindex German Stock Index
Devise motto
Devisen foreign currency, foreign exchange
Devisenarbitrage exchange arbitrage
Devisenbewirtschaftung monetary controls
Devisenbilanz foreign exchange balance
Devisenbörse currency market
Devisengeschäft currency trading, currency dealings
Devisenhändler currency dealer
Devisenkurs exchange rate, foreign exchange rate, rate of exchange
Devisenmakler foreign exchange broker
Devisenreserven foreign currency reserves
Devisen-Swapgeschäft foreign exchange swap
Devisenwechsel foreign currency bill
Dezentralisation decentralization
dezentralisieren decentralize
Dezernat department
Diebstahl pilfering, theft
Diebstahlversicherung theft insurance
Dienstbarkeit easement, servitude
Dienstentlassung dismissal
Dienstgeheimnis trade secret
Dienstgespräch business call
Dienstleistung service
Dienstleistungsbereich service sector
Dienstleistungsbilanz balance of service transactions
Dienstleistungsgesellschaft service economy
Dienstreise business trip
Dienststelle department, office
dienstunfähig disabled
Dienstunfähigkeit disability
Dienstverhältnis employment
Dienstwagen official car
Dienstweg official channels
Dienstzeit period of service
Differenzgeschäft margin trading
Diktat dictation
Diktatzeichen reference initials
diktieren dictate
dingliches Recht right in rem
direkte Kosten direct cost
direkte Steuer direct tax
Direktinvestition direct investment
Direktmarketing direct marketing
Direktverkauf direct selling
Direktversicherung direct insurance
Direktvertrieb direct selling
Direktwerbung direct advertising
Disagio debt discount, disagio
Discounter discounter, discount house
Diskont discount
diskontfähig discountable
Diskontgeschäft discount business, discount trading
diskontierbar discountable
diskontieren discount
Diskontierung discounting
Diskontkredit discount credit
Diskontpolitik discount rate policy
Diskontsatz bank rate, discount rate
Diskontspesen discount charges
Diskriminierung discrimination
Disponent expediter, money manager

Dispositionskredit credit line
Dispositionsreserve operating reserve
Dissens lack of agreement
Distanzwechsel out-of-town bill
Diversifikation branching out, diversification
Dividende dividend, share
Dividendenausschüttung dividend distribution
dividendenberechtigt dividend bearing
Dividendensatz dividend rate
Dividendenschein dividend warrant
Dividendenzahlung dividend payment
Divisionalisierung divisionalization
Divisionskalkulation process accounting
Dokumente gegen Akzept documents against acceptance
Dokumentenakkreditiv documentary letter of credit
Dokumententratte acceptance bill
Dollaranleihe dollar bond
Dollarklausel dollar clause
Dollarparität dollar parity
Dollarüberschuß dollar surplus
dolmetschen interpret
Dolmetscher interpreter
Domizilwechsel domiciled bill
Doppelbesteuerung double taxation
Doppelgesellschaft split company
doppelte Ausfertigung in duplicate
doppelte Buchführung double-entry bookkeeping
Dotationskapital dotation capital
dotieren allocate, endow
Dotierung allocation, dotation, endowment
drängen press, presure, urge
Dreimonatsgeld three-month funds
dringen auf insist on
dringend urgent
Drittbegünstigter third-party beneficiary
Drittschuldner third-party debtor
drohen threaten
drohend impending, threatening
Drohung threat
Druck pressure
drucken print
Drucker printer
Druckerei printer's
Druckfehler misprint
Drucksache printed matter
Druckschrift block letters
dubiose Forderungen doubtful accounts
Dumping dumping
Düngemittel fertilizer
Durchdringung penetration
Durcheinander confusion
Durchfuhr transit
durchführbar feasible
Durchführbarkeit feasibility
durchführen carry out, perform
Durchführung completion, execution, implementation, performance
Durchführungsbehörde regulatory agency
durchgeben pass on, transmit
durchlaufender Posten transitory item
Durchschlag carbon copy
Durchschnitt average, cross section, mean
durchschnittlich average, mediocre
Durchschnittskosten average cost
Durchschnittsmensch average person, man in the street
Durchsicht examination, inspection, perusal
durchstreichen cross out, delete
Dynamik dynamics
dynamisch dynamic

E

Ebene echelon, level
echt authentic, genuine
Echtheit authenticity
Echtzeit real time
Eckdaten basic data
Ecklohn base pay, basic wage
Eckzins basic interest rate
Effekten securities, stocks and bonds
Effektenbörse stock market
Effektengeschäft securities business
Effektengiro transfer of securities
Effektenverwaltung investment management, portfolio management
effektive Stücke actual securities
Effektivklausel currency clause
Effektivlohn net earnings, net wage
Effektivrendite net yield
Effektivverzinsung effective interest yield
Effektivwert cash value
Effizienz efficiency
egal no matter what
ehernes Lohngesetz iron law of wages
Ehreneintritt act of honor
Ehrgeiz ambition
ehrgeizig ambitious
eidesstattliche Versicherung affidavit
Eid leisten take an oath
eifrig diligent
Eigenbetrieb owner-operator
eigene Aktien treasury shares
eigener Wechsel promissory note
Eigenfinanzierung independent financing
Eigengeschäft independent transaction
Eigenhandel own account trading
Eigenkapital equity capital, owner's equity
Eigenkapitalquote equity ratio
Eigenkapitalrentabilität return on equity
Eigenmarke house brand
eigens expressly, specifically
Eigenschaft characteristic, feature, quality
eigenständig independent
eigentlich actual, real
Eigentum ownership, property
Eigentümer owner, proprietor
Eigentümeranteil owner's interest, owner's share
Eigentümergrundschuld owner's land charge
Eigentumserwerb acquisition of ownership
Eigentumsrecht legal title
Eigentumsurkunde document of ownership
Eigentumsvorbehalt reservation of title
Eigentumswohnung condominium
Eigenverbrauch personal consumption
Eigenwechsel promissory note
Eigenwerbung individual advertising
Eignung suitability
Eignungstest qualifying examination
Eilbote courier, express messenger
Eilbrief express letter, special-delivery letter
Eilgut fast freight
eilig urgent
Eilsendung special delivery

Eilt Urgent
Eilzustellung express delivery, special delivery
Einarbeitung familiarization, orientation
Einblick insight
eindämmen contain
Eindruck impression
eindrucksvoll impressive
einfach basic, one-way, simple, single
Einfachheit simplicity
Einfall idea, inspiration
Einfuhr import, importation
einführen import, introduce
Einfuhrerklärung import declaration
Einfuhrfinanzierung import financing
Einfuhrgenehmigung import license, import permit
Einfuhrkontingent import quota
Einfuhrland importing country
Einfuhrlizenz import license
Einfuhrüberschuß import surplus
Einführung introduction
Einfuhrverfahren import procedure
Einfuhrwaren imports
eingehen enter into, incur, run
eingehend detailed, thorough
eingetragener Verein incorporated society
eingliedern incorporate
Eingliederung incorporation
eingreifen interfere, intervene
einhalten meet
Einheit item, unit
einheitliche Gewinnfeststellung uniform determination of profits
Einheitsgründung single-step formation
Einheitskurs standard quotation
Einheitswert standard value
Einigung agreement
Einigungsstelle conciliation board
einkassieren cash in
Einkauf purchase
einkaufen purchase
Einkaufsgenossenschaft wholesale purchasing cooperative
Einkaufszentrum shopping center
Einkommen earnings, income, revenue
Einkommen aus unselbständiger Arbeit income from employment
Einkommen aus Vermögen und Besitz income from property and investment
Einkommensberechnung computation of income
Einkommenseffekt income effect
Einkommenselastizität income elasticity
Einkommensteuer income tax
Einkommensumverteilung redistribution of income
Einkommensverteilung distribution of income
Einkünfte earnings, income, revenue
Einkunftsarten types of income
Einlage enclosure
Einlagen deposits
einlagern store, warehouse
einlegen enclose, insert
einleiten initiate
einleuchtend clear, convincing, evident, obvious
einlösen cash, honor, redeem
Einlösung encashment, payment, redemption
Einmanngesellschaft one-man company
Einmischung interference, intervention
Einnahmen cash receipts, earnings, receipts, takings
Einnahmen-Ausgabenrechnung cash basis accounting
Einnahmenüberschuß surplus revenue

Einnahmequelle source of income
einnnehmen collect, earn, receive, take
einräumen allow, concede, grant
einreichen submit
einschließlich including, inclusive of
einschränken limit, restrict
Einschränkung limitation, restriction
Einschreibebrief registered letter
einschreiben register
Einspruch einlegen lodge an objection
Einstandspreis acquisition cost, cost price
Einstellung hiring, suspension of operations
einstweilige Verfügung restraining order
Eintrag entry
einträglich profitable
Eintragung entry, registration
einwandfrei faultless, perfect
Einwegflasche non-returnable bottle
Einwendung objection
Einzahlung deposit, payment
Einzelakkordsatz individual piecework rate
Einzelanfertigung individual production
Einzelaufstellung itemized list
Einzelbewertung individual valuation
Einzelhandel retail trade
Einzelhandelsgeschäft retail store
Einzelhandelspreis retail price
Einzelhändler retailer
Einzelheit detail
Einzelinhaber sole proprietor
Einzelkosten individual cost, unit cost
Einzelpolice voyage policy
Einzelpreis unit price
Einzelunternehmen sole proprietorship
einziehen collect
Einzugsauftrag collection order
Einzugsermächtigung direct debit authorization
Eisenbahntransport transport by rail
eiserner Bestand base stock, reserve fund
Elastizität elasticity
Elektrogerät electric appliance
Elektronik electronics
Elektrotechnik electrical engineering
Embargo aufheben lift an embargo
Embargo verhängen impose an embargo on
Emission emission, issue
Emissionsbank bank of issue
Emissionskonsortium underwriting syndicate
Emissionskurs issue price, rate of issue
emittieren float, issue
Empfänger addressee, consignee, recipient
Empfangsbestätigung acknowledgment of receipt
Empfangskonnossement received for shipment bill of lading
empfehlen recommend
Empfehlung recommendation
Empfehlungsschreiben letter of recommendation
Endverbraucher consumer, ultimate user
Endverbraucherpreis consumer price
Energie energy, power
Energiebedarf demand for energy
Energiepolitik energy policy
Energiewirtschaft energy industry
Engpaß bottleneck, shortage
Enteignung expropriation

Entflechtung corporate disvestment
entgegenkommen accommodate, meet halfway
entgegensehen look forward to
Entgelt payment, remuneration
entgeltlich against payment
Enthaltung abstention
entladen unload
Entladung discharge, unloading
entlassen dismiss
Entlassung dismissal
Entnahme drawing, withdrawal
Entnahme aus Rücklagen drawing on reserves
Entschädigung compensation, reimbursement
Entscheidung decision
Entschiedenheit determination
entschlossen determined
Entschluß decision
entsprechen comply with, correspond to
entstehen occur, result
enttäuschen disappoint
enttäuscht disappointed
Enttäuschung disappointment
entwerfen design, plan
entwerten cancel, devalue
Entwertung depreciation, devaluation
Entwicklung development, progress
Entwicklungsbank development bank
Entwicklungshilfe foreign aid
Entwicklungsland developing country
Entwurf design, plan
Erbe heir, inheritance
erben inherit
Erbschaft inheritance, legacy
Erbschaftsteuer inheritance tax
Erdgas natural gas
erfahren learn
erfinden devise, invent
Erfinder inventor
Erfolg result, success
erfolgreich successful
Erfolgsbeteiligung profit sharing
Erfolgskonto profit and loss account
Erfolgsrechnung profit and loss statement
erfordern need, require
Erfordernis requirement
erfüllen comply with, fulfill, satisfy
Erfüllungsort place of fulfillment
Erfüllungstag due date
Ergänzung addition, supplement
Ergänzungsabgabe surtax
Ergebnisabführungsvertrag profit and loss absorption agreement
Ergebnisrechnung earnings statement
Ergonomie ergonomics
Erhalt receipt
erhalten obtain, receive
erhältlich available, obtainable
Erhaltungsaufwand maintenance costs
Erinnerungswert pro memoria figure
Erkundigung inquiry
Erlaß decree
Erlaubniskartell authorized cartel
erläutern elucidate, explain
Erläuterung explanation
erledigen handle, see to it, take care of
erleichtern facilitate
Erlös income, proceeds, profit, returns
Erlösschmälerung sales deductions
ermächtigen authorize
ermächtigt authorized
Ermächtigung authorization
ermäßigen lower, reduce
Ermäßigung allowance, reduction
ermöglichen allow, enable
Ermüdung fatigue

ermutigen encourage
ermutigend encouraging
ernennen appoint
Ernennung appointment
erneuern renew, replace
Erneuerung renewal
Erneuerungsschein renewal certificate
eröffnen open
Eröffnung opening
Eröffnungsbilanz opening balance sheet
erörtern discuss
Erörterung discussion
erpressen blackmail
Erpressung blackmail
erproben test, try out
Erprobung test, trial
erraten guess
errechnen calculate
erreichen achieve, attain
errichten erect, establish, set up
Errungenschaft achievement
Ersatz replacement, substitute
Ersatzinvestition replacement investment
Ersatzleistung compensation, indemnification
Ersatzteil spare part
erschließen develop, open up, tap
erschweren aggravate, complicate
Erschwerniszulage hardship pay
ersetzen make good, replace
ersichtlich evident
Ersitzung adverse possession
Ersparnis savings
Erstabsatz initial placing
Erstattung refund, reimbursement
Erstauftrag first order
Erstausfertigung original
erstellen prepare
Ersthypothek senior mortgage
erstklassig first-class, high-quality
Erstrisikoversicherung first loss insurance
Erstversicherung original insurance
erteilen give, place
Ertrag earnings, output, profit, yield
Ertragsgesetz law of diminishing returns
Ertragslage profit situation
Ertragssteuer tax on earnings
Ertragswert earning value, income value
erwarten anticipate, expect
Erwartung expectation
erweisen prove
erweitern broaden, enlarge, expand, extend, widen
Erwerb acquisition
erwerben acquire
Erwerbsfähigkeit earning capacity
Erwerbsloser unemployed person
Erwerbsperson gainfully employed person
Erwerbsquote activity rate
Erwerbstätige wage and salary workers
Erwerbsunfähigkeitsrente disability pension
Erwerbung acquisition, purchase
erzeugen produce
Erzeuger producer
Erzeugnis product
Erzeugung manufacture, production
erziehen educate
Erziehungsgeld educational grant
etablieren establish
Etat budget
Etat kürzen cut the budget
Etatkürzungen budget cuts
Etat überschreiten exceed the budget
Europäische Union European Union
Eventualverbindlichkeiten contingent liabilities

ex Bezugsrecht ex rights
ex Dividende ex dividend
Exemplar copy, specimen
Existenzmindestlohn subsistence wages
Existenzminimum subsistence level
Export exportation, export
Exportakkreditiv export letter of credit
Exportanteil export content, export share
Exportartikel export items
Exportbürgschaft export guaranty
Exporterlös export earnings
Exportförderung export promotion
Exporthandel export trade
exportieren export
Exportkreditversicherung export credit insurance
Exportlizenz export license
Exportrückgang decline in exports
Expreßgut express consignment
extern external
ex Ziehung ex drawing
ex Zinsen ex interest

F

Fabrik factory, plant
Fabrikant manufacturer
Fabrikgebäude manufacturing plant
Facharbeitermangel shortage of skilled workers
Fachberater technical consultant
Facheinzelhandel specialized retail trade
Fachgeschäft specialist store
Fachhändler specialist dealer
Fachkenntnis expertise
fachlich professional, technical, specialized
Fachmann professional, specialist
fachsimpeln talk shop
Fachsprache jargon, technical language
Fachverband professional association
Fachzeitschrift professional journal
Factoring factoring
Fähigkeit ability, capacity
Fahrgast passenger
fahrlässig careless, negligent
Fahrlässigkeit negligence
Fahrplan schedule, timetable
Fahrzeug vehicle
faktisch virtual
faktische Gesellschaft de facto company
Faktorkosten factor cost
Faktorpreis factor price
Faktura bill, invoice
Fakturabetrag invoiced amount
Fakturawert invoice value
fakturieren invoice
Fakturierung billing, invoicing
fällig due
Fälligkeit due date, maturity
falls if, in case
Fälschung counterfeit, fake, falsification, forgery
Faser fiber
Faß barrel
Fassung wording
Faustpfand pledge
faxen fax
federleicht light as a feather
Federung suspension

fehlen lack, miss
Fehler defect
fehlerfrei flawless
fehlerhaft defective, faulty
fehlleiten misroute
Fehlmenge shortage
Fehlzeit time off
Feierabend machen finish work for the day
feilschen haggle
Feingehalt fineness, standard of purity
Feingehaltsstempel hallmark
Ferngespräch long-distance call
Fernmeldedienst telecommunications
Fernschreiben telex
Fertigerzeugnis finished product, manufactured good
Fertigteil prefabricated part
Fertigung manufacture, production
Fertigungsgemeinkosten manufacturing overhead expenses
Fertigungskosten cost of production
Fertigungslos manufacturing lot
Fertigungsprogramm product range
Festgeld fixed deposit, time deposit
Festhypothek fixed-date mortgage loan
festigen secure
Festkurs fixed rate
festmachen agree, arrange
Festpreis fixed price, set price
festsetzen fix, settle
Festspeicher read only memory
feststellen find
Feststellungsbescheid notice of assessment
festverzinslich fixed-interest bearing
Festwert base value, fixed value
Festzinskredit fixed-rate loan
feuern fire
Fifo-Methode first-in, first-out method
Filialbetrieb branch operation, branch store
Filiale branch, branch office
Filialleiter branch manager
Filialunternehmen branch operation, branch store
Finanz finance
Finanzakzept accepted finance bill
Finanzanalyse financial analysis
Finanzanlagevermögen financial assets
Finanzausgleich tax sharing
Finanzbericht financial report
Finanzbuchhaltung financial accounting
Finanzflußrechnung cash flow statement
Finanzgerichtsbarkeit fiscal jurisdiction
Finanzhilfe financial aid
finanziell financial
finanzieren finance
Finanzierung financing, funding
Finanzierungsgesellschaft finance company
Finanzierungsgrundsätze rules of financing
Finanzierungsregeln rules for structuring debt capital
Finanzinvestition financial investment
Finanzjahr financial year
Finanzkontrolle budgetary control
Finanzmonopol fiscal monopoly
Finanzplan financial plan
Finanzplanung financial planning
Finanzpolitik finacial policy
Finanztheorie theory of public finance
Finanzverwaltung fiscal administration
Finanzwechsel finance bill
Finanzwelt financial circles

Finanzwesen public finance
Finanzwirtschaft financial management
Finanzwissenschaft public finance
Finanzzuweisung revenue appropriation
Firma business, company, firm
Firmenmarke trade name
Firmenwert goodwill
Firmenzeichen logo
Fiskalpolitik fiscal policy
Fiskus exchequer, state treasury
fixe Kosten continuing costs, overhead
fixe Kurse pegged rates
fixen sell short
Fixgeschäft short selling
Fixing fixing
Fixkosten fixed costs
Flächeninhalt surface area
Flaute slack period
Fleiß diligence, hard work
fleißig diligent, industrious
flexible Altersgrenze flexible retirement age
flexible Arbeitszeit flexible working hours, flexitime
flexibler Wechselkurs flexible exchange rate
Fließband assembly line, conveyor belt
Fließbandfertigung assembly line production
fließend fluent
Fließfertigung flow line production
Floating floating
Flucht flight
Fluggastbegleiter flight attendant
Fluglotse air-traffic controller
Fluktuation employee turnover, fluctuation
flüssige Mittel liquid assets
Folge consequence
folgend following
folgendermaßen as follows
folgern conclude, infer
Folgerung conclusion, inference
folglich consequently
Fonds fund
Fondsvermögen fund assets
fördern promote
Forderung claim, debt, demand
Förderung promotion
Forderungen accounts receivable
Forfaitierung non-recourse financing
Formblatt blank form
Formel formula
formell formal
Formgebung industrial design
Formular form
Forschung und Entwicklung research and development
fortan from now on
Fortbildung advanced training, further education
fortgeschritten advanced
fortlaufende Notierung continuous quotation
Fortschreibung updating
Fortschritt progress
fortschrittlich advanced, progressive
Fracht cargo, freight, load
Frachtbrief bill of lading, consignment note
Frachtführer carrier
Frachtgut cargo, goods
Frachtpapiere shipping documents
Frachtvertrag freight contract
Frachtsatz freight rate
Fragebogen questionnaire
fragwürdig questionable
Franchise franchising
frankieren stamp
franko postpaid
freiberuflich freelance, self-employed
Freibetrag allowance, exemption
freibleibend subject to confirmation, without engagement
Freibrief charter
freier Makler private broker

Freigabe release
Freigrenze exemption limit
Freigut duty-free goods
Freihandel free trade
Freihandelszone free trade area
Freimakler private broker
Freistellung exemption, release
Freiverkehr unlisted trading
freiwillig voluntary
Freizeichnungsklausel exoneration clause
Fremdanteil minority share
Fremdbeleg external voucher
Fremdfinanzierung outside financing
Fremdkapital outside capital
Frist deadline, time limit
fristgemäß within the agreed time limit
fristlose Entlassung dismissal without notice
Frühbezugsrabatt early order discount
früher previous
Frühstückskartell gentlemen's agreement
führen conduct, guide, keep, lead
führend leading, prominent
Führer guide
Führung conduct, guidance, leadership
Führungsfunktionen managerial functions
Führungsgremium governing body
Führungskonzeption management concept
Führungskraft business executive
Führungskräfte executive personnel
Führungsnachwuchs junior management
Führungsorganisation management structure
Führungsstil management style
Fülle abundance
Fundament base, foundation
Fungibilität fungibility
fungieren function
Funktionär functionary
funktionieren function, work
Funktionsrabatt functional discount
Fürsorge social security
Fürsprecher advocate
Fusion merger
Fusionsbilanz merger balance sheet
Fusionskontrolle merger control
Fusionsvertrag merger agreement
Fusionswelle wave of mergers

G

galoppierende Inflation galloping inflation
gängig fast-selling, popular
Gap-Analyse gap analysis
Garant guarantor
Garantie guarantee, guaranty, warranty
Garantiefrist guarantee period
Garantiegeschäft guaranty business
Garantieklausel guarantee clause, warranty clause
garantieren guarantee, warrant
Garantieversicherung guaranty insurance
Garantievertrag guaranty contract

Garnitur set
Gattungskauf sale by description, quantity contract
Gattungsschuld indeterminate obligation
Gattungswaren unascertained goods
Gauner shyster
Gebäudeabschreibung building depreciation
Gebäudeversicherung building insurance
Gebiet area
Gebietsfremder nonresident
Gebietshoheit territorial jurisdiction
Gebietskartell localized cartel
Gebot bid, offer
Gebrauch application, usage, use
Gebrauchsanweisung directions for use, user's manual
Gebrauchsmuster design patent
Gebrauchswert practical value
Gebrauchszweck intended use
gebraucht second-hand
Gebühren charges, dues, fees
Gebührensatz billing rate, table of fees
geeignet appropriate, suitable
Gefährdungshaftung strict liability
Gefahrengemeinschaft community of risks
Gefahrenübergang transfer of risk
gefahrgeneigte Arbeit hazardous occupation
Gefahrgüter dangerous goods
Gefälligkeitsauftrag sweetheart order
Gefälligkeitswechsel accommodation note
gegen in exchange for
Gegenangebot counter-offer
Gegenleistung return service
Gegenmaßnahme countermeasure
Gegenmittel remedy
gegenstandslos invalid, irrelevant
Gegenstück counterpart
Gegenüber counterpart
Gegenvorschlag counterproposal
gegenwärtig present
Gegenwert equivalent
gegenzeichnen countersign
Gehalt salary, stipend
Gehaltsempfänger salaried employee
Gehaltserhöhung raise
Gehaltsüberprüfung salary review
geheim confidential, secret
Geheimnummer unlisted number
Gehilfe assistant
geizig stingy
Geizkragen skinflint
Geld money
Geldanleger investor
Geldausgabe expenditure
Geldautomat automated teller machine
Geldbeschaffungskosten cost of money
Geldentwertung inflation
Gelder funds
Geldgeber financial backer, sponsor
Geldgier avarice, greed for money
Geldkapital monetary capital
Geldkurs bid price, buying rate
Geldmarkt money market
Geldmarktpapiere money market securities
Geldmenge money supply
Geldmengenziel monetary target
Geldnehmer borrower
Geldpolitik monetary policy
Geldschöpfung creation of money
Geldschuld money owed
Geldspende cash donation
Geldspritze injection of money
Geldstrafe fine

Geldsucht avarice
Geldsurrogat token money
Geldtheorie theory of money
Geldumlauf money in circulation
Geldvermögen financial assets
Geldvernichtung destruction of money
Geld verschwenderisch ausgeben splurge
Geldvolumen money supply
Geld waschen launder money
Geldwert value of money
Geldwesen monetary system
Geldwirtschaft money economy
gelegen convenient
Gelegenheit opportunity
Gelegenheitsarbeit casual work
Gelegenheitskauf bargain
gelernt skilled, trained
gelernte Arbeitskräfte skilled labor
gelten apply, be valid
gemäß in accordance with
Gemeindesteuer municipal tax
gemeiner Wert fair market value
Gemeinkosten overhead expenses
gemeinnützig charitable, in the public interest
Gemeinschaftsabkommen joint venture agreement
Gemeinschaftsfinanzierung joint financing
Gemeinschaftsgründung joint venture
Gemeinschaftskonto joint account
Gemeinschaftsunternehmen joint venture
Gemeinschaftsvermögen joint property
Gemeinschaftswerbung joint advertising
Gemeinschuldner common debtor
Gemeinwirtschaft social economy
Gemeinwohl public welfare
gemischter Fonds mixed fund
genehmigen authorize, permit
Genehmigung authorization, permission
Generaldirektor general manager, president
Generalpolice comprehensive insurance policy
Generalversammlung stockholders' meeting
Generalvollmacht unlimited power of attorney
Genossenschaft cooperative association
Genossenschaftsbank cooperative bank
Genugtuung satisfaction
Genußschein participating certificate
geometrisches Mittel geometric mean
geplant planned, scheduled
Gerät apparatus, appliance
geraten get into
gerechtfertigt justified
geregelter Devisenmarkt regulated currency market
Gericht court
gerichtlich judicial, legal
Gerichtskosten legal costs
Gerichtsstand venue
Gerichtsverfahren legal proceedings
Gerichtsvollzieher bailiff
geringhalten minimize
geringwertiges Wirtschaftsgut low-value item
Gesamtbetrag total amount
Gesamteinkommen total income
Gesamtgläubiger joint and several creditors
Gesamthypothek blanket mortgage
Gesamtkapital total capital
Gesamtkosten total cost
Gesamtleistung total operating performance

Gesamtpreis total price
Gesamtprokura general procuration
Gesamtschuldner joint and several debtors
Gesamtvermögen total assets
Gesamtversicherung comprehensive insurance
Geschäft business, deal, shop, store
Geschäft abschließen make a deal
Geschäftemacher wheeler-dealer
Geschäftsabschluß conclusion of a deal, sale effected
Geschäftsbericht business report
Geschäftsbezeichnung trade name
Geschäftsbeziehungen business connections
Geschäftsbücher account books
Geschäftsbuchhaltung general accounting
geschäftsfähig legally competent
Geschäftsfähigkeit legal capacity to contract
Geschäftsfrau businesswoman
Geschäftsfreund business associate
Geschäftsführer manager
Geschäftsführung management
Geschäftsgeheimnis trade secret
Geschäftsinhaber owner, proprietor, storekeeper
Geschäftsjahr business year, fiscal year
Geschäftsleitung management, senior management
Geschäftsmann businessman
Geschäftspartner business partner
Geschäftsraum office
Geschäftsschluß closing time
Geschäftsstunden office hours
geschäftsunfähig legally incapacitated
Geschäftsunfähigkeit legal incapacity to contract
Geschäftsverbindungen business connections
Geschäftsvorfall business transaction
Geschäftswert goodwill
Geschäftszeit business hours
Geschmacksmuster ornamental design
Gesellschaft association, company, society
Gesellschafter partner, shareholder
Gesellschafterversammlung shareholders' meeting
Gesellschaft mit beschränkter Haftung limited liability company
Gesellschaftsmantel shell corporation
Gesellschaftssteuer capital investment tax
Gesellschaftsvermögen company assets, partnership assets
Gesellschaftsvertrag articles of incorporation
Gesetz law, statute
Gesetzbuch statute book
Gesetzgebung legislation
gesetzlich legal, statutory
gesetzliche Rücklagen legal reserves
gesetzlicher Vertreter legal representative
gesetzliches Zahlungsmittel legal tender
gesetzwidrig illegal, unlawful
gesicherte Forderung secured debt
gesicherter Kredit secured loan
gesichertes Darlehen secured loan
gestaffelt staggered
gestalten form, shape
Gestaltung formation, shaping
Gestehungskosten cost price, prime cost
gestuft staggered
Gesuch petition

gesund sound
Gesundheitsökonomik health economics
Getränkesteuer beverage tax
getrennte Veranlagung separate assessment, separate tax return
gewagt bold, daring
Gewähr guarantee, surety
gewähren allow, grant
gewährleisten ensure, guarantee
Gewährleistung warranty
Gewährleistungsanspruch warranty claim
Gewährleistungsfrist warranty period
Gewährleistungswagnis warranty risk
Gewährträger guarantor
Gewerbe business, industry, occupation, trade
Gewerbeaufsichtsamt industrial inspection board
Gewerbebetrieb commercial enterprise
Gewerbeertrag trade profits
Gewerbeertragsteuer trade profit tax
Gewerbefreiheit freedom of trade
Gewerbekapital trading capital
Gewerbeordnung trade regulations
Gewerbesteuer business tax, trade tax
Gewerkschaft labor union
gewerkschaftlicher Vertrauensmann shop steward
Gewichtsgrenze weight limit
gewillkürtes Betriebsvermögen voluntary business property
Gewinn gain, earnings, profit, returns
Gewinnanteilschein coupon, dividend warrant
Gewinnbeteiligung profit sharing
gewinnbringend profitable
Gewinneinkommen profit income
Gewinnfeststellung ascertainment of profits
Gewinnmarge profit margin
Gewinnquote profit share
Gewinnrücklage appropriated surplus
Gewinnschwelle break-even point
Gewinnspanne profit margin
Gewinnsteuer profit tax
gewinnsüchtig acquisitive
Gewinn- und Verlustrechnung profit and loss statement
Gewinnvortrag profit carried forward
gewissermaßen to some extent
gezeichnetes Kapital subscribed capital
gezogener Wechsel draft, draft bill
Giralgeld bank deposit money
Giro endorsement
Girokonto checking account
Giroverkehr clearing system
Girozentrale central clearing-house
Glaswaren glassware
glattstellen sell off
Gläubiger creditor
Gläubigerpapier bond
Gläubigerversammlung meeting of creditors
Gleichbehandlung equal treatment
Gleichgewicht equilibrium
gleitende Arbeitszeit flexible working hours, flexitime
Globalaktie stock certificate
Globalanleihe blanket loan
Globalhypothek blanket mortgage
Globalversicherung blanket insurance
Globalzession blanket assignment
Glücksrad wheel of fortune
Gnadenfrist grace period, reprieve

Goldbarren gold bar, gold bullion
Golddeckung gold backing
Goldene Finanzregel golden rule of financing
Goldkernwährung gold bullion standard
Goldparität gold parity
Gönner patron, sponsor
Gratifikation bonus
Gratisaktie bonus stock
greifbar available, on hand
Grenzerlös marginal yield
Grenzertrag marginal income
Grenzkosten marginal cost
Grenznutzen marginal utility
Grenzplankostenrechnung direct costing
Grenzproduzent marginal producer
Grenzsteuersatz marginal tax rate
Grenzumsatz marginal revenue
Grenzverbraucher marginal consumer
Großbank major bank
Großeinkauf spending spree
Großhandel wholesale trade
Großhandelsindex wholesale price index
Großhandelsunternehmen wholesale firm
Großhändler wholesaler
Großindustrie large-scale industry
Grundbesitz real property
Grundbilanz basic balance
Grundbuch registry of deeds
Grundbuchamt public records office
Grunddienstbarkeit easement
gründen establish, found
Gründer founder
Grunderwerbssteuer transfer tax
Grundgehalt basic salary
Grundgesetz constitution
Grundkapital capital stock, nominal capital
Grundkosten basic cost
Grundkreditanstalt mortgage bank
Grundlage basis, foundation
Grundlagenforschung basic research
Grundlohnsatz base pay rate
Grundpfandrecht mortgage lien
Grundrechte basic rights
Grundrente ground rent
Grundschuld encumbrance
Grundsteuer property tax
Grundstück land, property
Grundstückswert real estate value
Gründung establishment, foundation
Gründungskosten organization costs
Grundunterschied basic difference
Grundvermögen real estate, real property
Gruppenfertigung mixed manufacturing
Gruppenversicherung group insurance
gültig valid
Gültigkeit validity
Gut landed estate, possession, property
Güte quality
Güter commodities, goods, merchandise
Gütesiegel seal of quality
Gütezeichen quality label
gutgläubiger Erwerber bona fide purchaser
Guthaben credit, credit balance
gütlich amicably
Gutschein coupon, credit note, voucher
gutschreiben credit
Gutschrift credit, credit entry, refund credit slip
Gutschriftsanzeige credit slip
gutsituiert well-to-do

H

Haben credit, credit side
Habenzinsen credit interest
Hafen harbor, port
Hafenanlagen docks, port facilities
Hafenarbeiter longshoreman
haften be liable
haftpflichtig liable
Haftpflichtumfang liability coverage
Haftpflichtversicherung liability insurance
Haftung liability, responsibility
Halberzeugnis semi-finished good, semimanufacture
halbjährlich semiannual
Halbtagsarbeit part-time work
haltbar durable
Haltbarkeit durability
Haltbarkeitsdatum best before end
Handel bargain, commerce, deal, trade
handeln bargain, deal in, trade
Handelsabkommen trade agreement
Handelsartikel commodity
Handelsbank commercial bank, merchant bank
Handelsbeschränkung trade restriction
Handelsbeziehungen trade relations
Handelsbilanz trade balance
Handelsbrauch commercial practice
Handelsfaktura commercial invoice
Handelsflagge merchant flag
Handelsgesellschaft business enterprise, trading company
Handelsgesetz commercial law
Handelsgewerbe business, trade
Handelshemmnisse trade barriers
Handelskammer chamber of commerce
Handelskette marketing chain
Handelsklausel stipulation, term
Handelsmakler commercial broker
Handelsmarke brand, trademark
Handelsname business name, trade name
Handelsrabatt trade discount
Handelsrecht commercial law
Handelsregister commercial register
Handelsspanne trade margin
Handelssperre embargo
handelsüblich commercial, customary
Handelsunternehmen commercial enterprise
Handelsverkehr commerce, trade
Handelsvertrag trade agreement
Handelsvertreter commercial agent
Handelsvertretung commercial agency
Handelswechsel commercial paper
Handgeld earnest money
handhaben deal with, handle, manage, operate
Handhabung handling
Händler dealer, distributor, trader
Händlerrabatt trade discount
handlich handy
Handlungsgehilfe assistant, clerk
Handlungsvollmacht authorization, power of attorney, proxy
Handwerk craft, handicraft, trade

Handwerker craftsman, workman
Handwerksberuf skilled trade
Hang inclination
Härten hardening
harte Währung hard currency
hartnäckig persistent
häufen accumulate
Häufigkeit frequency
Hauptabsatzgebiet prime market area
hauptberuflich full-time, professional
Hauptbuch general ledger
Hauptbüro head office
Hauptfeststellung principal assessment
Hauptgeschäftsstelle main office
Hauptkäufer chief buyer
Hauptniederlassung head office
Hauptpunkt main point
hauptsächlich mainly
Hauptsitz head office, headquarters
Hauptveranlagung principal assessment
Hauptversammlung annual meeting, stockholders' meeting
Hauptwerk main factory
Haushalt budget, household
Haushaltsausgleich budget balancing
Haushaltsausschuß budget committee
Haushaltsdefizit budgetary deficit
Haushaltsfreibetrag household allowance
Haushaltsgerät household appliance
Haushaltsjahr fiscal year
Haushaltskürzung budget cuts
Haushaltsmittel appropriations
Haushaltsplan budget
Haushaltswaren household articles
Haushaltungskosten household expenses
Hausierer door-to-door salesman
Hausjurist company lawyer
Hausmarke house brand, own brand, private brand
Hausmeister caretaker, janitor, superintendent
Hausse boom, bull market
Haussier bull
Haustürverkauf door-to-door selling
Hauswirt landlord
Hauswirtin landlady
Hebel lever
Hebesatz rate of assessment
Heftklammer staple
heikel delicate
Heilmittel cure, remedy
hemmen hinder, inhibit, restrain
herabsetzen reduce
herausfordern challenge
Herausforderung challenge
herausgeben edit, publish
Herausgeber editor, publisher
herkömmlich customary, traditional
Herkunftsland country of origin
herstellen make, manufacture
Hersteller manufacturer, producer
Herstellung manufacture
Herstellungskosten manufacturing cost, production cost
heruntergehen lower, reduce
herunterwirtschaften mismanage, run down
hervorbringen create, generate
hervorheben emphasize, stress
hervorragend excellent, superior
heutzutage nowadays
Hilfe aid, assistance, help
Hilfsarbeiter unskilled labor, unskilled worker
Hilfsbuch subsidiary ledger
Hilfskonto subsidiary account
Hilfskostenstelle service cost center
Hilfsmaßnahmen relief operations

Hilfsmittel aid, remedy
Hilfsorganisation relief agency
Hilfsstoffe auxiliary material, supplies
hinausgehen über exceed, surpass
hinderlich hindering, restrictive
hindern hinder, prevent
Hindernis hindrance, obstacle
hinfällig irrelevant, no longer valid
Hinflug outward flight
Hingabe devotion
hinkommen manage
hinsichtlich with regard to
Hintergrund background
Hinweis reference
hinweisen point out
hochachtungsvoll respectfully yours
hocharbeiten work one's way up
Hochhaus high-rise
Hochkonjunktur boom, booming economy
Höchstdauer maximum duration
Höchstgebot closing bid, highest bid
höchstens at the most
Höchstpreis maximum price, top price
Höchststand highest level
hochwertig first-class, high-grade
Hochzinspolitik policy of high interest rates
höhere Gewalt act of God, force majeure
Holdinggesellschaft holding company
Honorar fee, retainer, royalty
Humankapital human capital
Hungerlohn pittance
Hürde hurdle
Hütte foundry, ironworks
Hypothek mortgage
hypothekarisch belastet mortgaged
Hypothekarkredit mortgage loan
Hypothekenbank mortgage bank
Hypothekenbrief mortgage certificate
Hypothekenpfandbrief mortgage bond
Hypothekenregister registry of deeds
Hypothekentilgung mortgage redemption
Hypothekenversicherung mortgage redemption life insurance
Hypothekenzins mortgage interest rate
Hypothekenzinsen mortgage interest
Hypothese hypothesis
hypothetisch hypothetical

I

identifizieren identify
Identifizierung identification
illiquide insolvent
Illiquidität illiquidity, insolvency
illustriert illustrated
immaterielle Anlagewerte intangible assets
Immobilien real estate, properties
Immobilienfonds real estate investment fund
Immobiliengeschäft real estate business
Imparitätsprinzip imparity principle
Imponderabilien contingencies, imponderables
Import import, importation

Importhandel import trade
importieren import
importierte Inflation imported inflation
Importkontingent import quota
Importlizenz import license
Importrückgang decline in imports
Importware imported goods
imposant impressive
Impulskauf impulse buy, impulse purchase
Inbegriff epitome, essence
inbegriffen included, inclusive of
Inbetriebnahme commissioning
in den roten Zahlen in the red
in den schwarzen Zahlen in the black
Index index
indexgebunden tied to an index
Indexierung indexing
Indexklausel index clause
Indikator indicator
indirekte Kosten indirect cost
indirekte Steuer indirect tax
Individualversicherung private insurance
Indossament endorsement
Indossant endorser
Indossatar endorsee
indossieren endorse
Industrialisierung industrialization
Industrie industry
Industrieaktien industrial shares
Industrieanlagenbau industrial plant construction
Industriegelände industrial site
Industriegewerkschaft industrial union
Industrieobligation industrial bond
Industriepolitik industrial policy
Industrieprodukt industrial good
Industriespionage industrial espionage
Industrie- und Handelskammer chamber of industry and commerce
Industriewerte industrials
Inflation inflation
Inflation eindämmen curb inflation
Inflationsrate rate of inflation
Inflationsspirale inflationary spiral
infolge owing to
Informatik computer science
Information piece of information
Informationen information
Informationsmaterial informational material
informieren advise, inform
Infrastruktur infrastructure
Ingangsetzungskosten start-up costs
Ingenieur engineer
Ingenieurwesen engineering
Inhaber holder, owner, proprietor
Inhaberaktie bearer stock
Inhaberpapier bearer bond, bearer paper
Inhaberscheck bearer check
Inhalt contents
Initiative enterprise, initiative
Inkasso collection
Inkassostelle collection agency
Inkassowechsel bill for collection
inklusive including, inclusive of
inkonsequent inconsistent
inkorporieren incorporate
Inkrafttreten coming into effect
Inlandsprodukt domestic product
Inlandsvermögen domestic property
Innenausstattung decor, interior decoration
Innenfinanzierung internal financing
Innenpolitik domestic policy
Innenraum interior

Innovation innovation
Innung guild
Inserat ad, advertisement
inserieren advertise, insert
insgesamt altogether
Insichgeschäft self-contracting
Insolvenz insolvency
instand halten maintain, service
Instandhaltung maintenance, upkeep
Instandhaltungskosten cost of maintenance
instand setzen fix, repair
Instanz authority
instruieren brief, give instructions, instruct
Integration integration
Interesse erwecken arouse interest
Interessengemeinschaft community of interests, pool, syndicate
Interimsschein interim certificate
Internationaler Währungsfonds International Monetary Fund
internationale Währungsordnung international monetary system
intervenieren intervene
Interventionspreis intervention price
Inventar inventory, stock on hand
Inventur inventory, stocktaking
Inventur machen take inventory, take stock
Inventurverkauf inventory sale
Investition investment, capital expenditure
Investitionsbudget capital budget
Investitionsgüter capital goods
Investitionsgüterindustrie capital goods industry
Investitionskredit investment credit
Investitionsprogramm capital expenditure program
Investitionsrentabilität investment profitability
Investmentanteil share
Investmentfonds mutual fund
Investmentgesellschaft investment company
Inzahlungnahme trade-in
Inzidenz incidence
inzwischen in the meantime, meanwhile
irreführende Werbung deceptive advertising
Irrtum error, mistake
Istausgabe actual expenditure
Istbestand actual stock
Istkosten actual costs
Istwert actual value
IWF (Internationaler Währungsfonds) International Monetary Fund (IMF)

J

Jahresabgrenzung accruals and deferrals
Jahresabonnement annual subscription
Jahresabschluß year-end financial statement
Jahresabschlußprüfung year-end audit
Jahresausweis annual statement
Jahresbericht annual report
Jahresbilanz annual balance sheet
Jahresdurchschnittsverdienst annual average earnings
Jahreseinkommen annual earnings, annual income

Jahresfehlbetrag annual shortfall
Jahresgehalt yearly salary
Jahreshauptversammlung annual meeting
Jahresproduktion annual output, yearly production
Jahresrendite annual return
Jahresüberschuß net income for the year
Jahresumsatz annual turnover
Jahresviertel quarter
Jahreswirtschaftsbericht annual economic report
jahreszeitlich seasonal
Jahreszinsen annual interest
jährlich annual, per annum, yearly
jährliche Rendite annual return
jederzeit kündbar terminable at call
je fünf five each
jetzig current, present
jeweilig respective
Journal daybook, journal
Journalbuchung journal entry
Jubiläum anniversary
junge Aktie new share
Jünger disciple
Jura law
Jurist lawyer
juristische Person legal entity, legal person

K

Kabotage cabotage
Kaduzierung exclusion of defaulting shareholders
Kahlpfändung total attachment of a debtor's assets
Kai quay
Kalkulation cost accounting, cost estimating
Kalkulationsaufschlag markup percentage
Kalkulationsverfahren cost method
kalkulatorisch implicit, imputed
kalkulieren calculate, estimate
Kammerbezirk chamber of commerce district
Kampagne campaign
Kampfpreis cut-rate price
Kampfzoll retaliatory tariff
Kanal canal, channel
kanalisieren channel
Kanzlei office
Kapazität capacity
Kapazitätsausnutzungsgrad level of operating capacity
Kapazitätsplanung capacity planning
Kapital capital, principal
Kapitalanlage capital investment, investment
Kapitalanleger investor
Kapitalbedarf capital requirement
Kapitalbeteiligung equity participation, capital interest
Kapitalbeteiligungsgesellschaft equity investment company
Kapitaldienst debt service
Kapitaleinlage capital share
Kapitalerhaltung capital maintenance
Kapitalerhöhung increase in capital stock
Kapitalertragsteuer capital gains tax
Kapitalexport export of capital
Kapitalflucht capital flight

Kapitalfluß flow of funds
Kapitalgesellschaft corporation, incorporated enterprise
Kapitalherabsetzung reduction of capital stock
Kapitalimporte capital imports
kapitalisieren capitalize
Kapitalisierung capitalization
Kapitalismus capitalism
Kapitalkoeffizient capital output ratio
Kapitalkonsolidierung consolidation of investment
Kapitallebensversicherung endowment insurance
Kapitalmarkt capital market
Kapitalmarktzins capital-market interest rate
Kapitalquelle source of capital
Kapitalrücklage capital reserves
Kapitalsammelstelle investing institution
Kapitalstock capital stock
Kapitalstruktur capital structure
Kapitalumschlag capital turnover
Kapitalverkehr capital movement
Kapitalvermögen capital assets
Kapitalwert capital value
Kapitalzins interest on capital, interest on principal
Kapitalzusammensetzung financing mix
kapitulieren capitulate
kaputt broken
Karenzzeit qualifying period
Kargo cargo
Karosserie body
Karriereplanung career planning
Karteischrank filing cabinet
Kartell cartel
Kartellentflechtung decartelization
Kartellgesetze antitrust laws
Kartenausgabe ticket office
Karton cardboard box
Kaskoversicherung automobile insurance
Kassabuch cash book
Kassageschäft cash sale
Kassakurs daily quotation
Kassamarkt cash market, spot market
Kassanotierung spot quotation
Kassawaren spot commodities
Kasse cashier's office, checkout counter
Kasse gegen Dokumente cash against documents
Kassenbericht cash report
Kassenbestand cash on hand
Kassenbon sales slip
Kassenbuch cashbook
Kassenbudget cash budget
Kassenobligationen intermediate-term notes
Kassenprüfung cash audit
Kassenwart treasurer
kassieren cash, collect
Kassierer cashier, teller
Katalog catalog
Kauf buy, purchase
Käufer buyer
Käufermarkt buyer's market
Kaufhaus department store
Kaufinteressent prospective customer
Kaufkraft purchasing power
Kaufkraftparität purchasing power parity
Kaufmann businessman, dealer, merchant
kaufmännisch commercial
kaufmännischer Leiter business manager
Kaufoption buyer's option, call option
Kaufpreis purchase price
Kaufverpflichtung obligation to buy
Kaufvertrag contract of sale, sales agreement, sales contract
Kaution security deposit
Kautionsversicherung fidelity bond, guaranty insurance
Kautionswechsel bill of exchange deposited as security

Kellerwechsel fictitious bill
Kenner expert
Kennmarke des Empfängers consignee's mark
Kenntnisse knowledge
Kennwort password
Kennzahl ratio, reference number
kennzeichnen identify, label, mark
kennzeichnend characteristic
Kennziffer code number, reference number
Kennziffernanalyse ratio analysis
Kettenladen chain store
Kilometerzähler odometer
Kindergeld family allowance
kippen tip
Kiste case
Klage complaint
klagen complain
Klärung clarification
klassifizieren classify
Klausel clause, stipulation
Kleinanzeige classified ad
Klient client
Klimaanlage air-conditioning
Kluft rift
knapp scarce, short
knapp bei Kasse low on cash, short of ready cash
Knappheit scarcity, shortage
knapp sein be in short supply
Köder bait
kodifizieren codify
Kohlebergbau coal mining industry
Kohlebergwerk coal mine
Kohlevorkommen coal deposit
Kollege associate, colleague
kollidieren collide
Kombi station wagon
Kombinationswerbung tie-in advertising
Komitee committee
Kommanditgesellschaft limited partnership
Kommanditist limited partner
Kommerz commerce
kommerziell commercial
Kommission commission, consignment
Kommissionär commission agent, consignee
Kommissionsgeschäft commission agency
Kommissionslager consignment stock
Kommissionsmakler commission broker
Kommissionsverkauf sale on commission
Kommissionsware consignment goods
kommissionsweise on commission, on consignment
Kommittent consignor
Kommunalabgaben municipal rates
Kommunalanleihe municipal loan
Kommunalobligation municipal bond
komparative Kosten comparative cost
Kompatibilität compatibility
Kompensationsgeschäft barter transaction
Komplementär general partner
komplizieren complicate
Komplott conspiracy, plot
Kompromiß compromise
kompromittieren compromise
Konfektionsware ready-to-wear clothes
Konferenz conference, meeting
konglomerater Zusammenschluß conglomerate merger
Konjunktur business conditions, economy, general climate of the economy
Konjunkturabschwung drop in economic activity, slump
Konjunkturaufschwung increase in economic activity, upturn

konjunkturelle Arbeitslosigkeit cyclical unemployment
Konjunkturindikator economic indicator
Konjunkturzyklus business cycle
Konkurrent competitor
Konkurrenz competition, competitors
konkurrenzfähig competitive
Konkurrenzklausel restraint clause
konkurrenzlos unrivalled
konkurrieren compete
Konkurs bankruptcy, insolvency
Konkursabwendung avoidance of bankruptcy proceedings
Konkursantrag petition in bankruptcy
Konkursbilanz statement of bankrupt's debts
Konkursdividende liquidation dividend
Konkursmasse debtor's assets
Konkursverwalter trustee in bankruptcy
Konnossement bill of lading
Konsequenz consequence, logical conclusion
konservieren preserve
Konsignant consignor
Konsignatar consignee
Konsignation consignment
Konsignationsgeschäft consignment business, consignment sale
Konsignationslager consignment stock
Konsignationsverkauf sale on a consignment basis
Konsignationsware consignment goods
konsolidieren consolidate
konsolidierte Bilanz consolidated balance sheet
Konsolidierung consolidation
Konsolidierungskreis consolidated companies
Konsortium consortium, financial syndicate
konstruieren devise
Konstruktionszeichner draftsman
Konsum consumption
Konsument consumer
Konsumentengeschäft consumer lending
Konsumentenkredit consumer credit
Konsumentenrente consumer's surplus
Konsumerismus consumerism
Konsumgenossenschaft consumer cooperative
Konsumgesellschaft consumer society
konsumieren consume
Konsumklima consumer climate
Konsumsteigerung increase in consumption
Konsumverein cooperative society
Konten accounts
Kontenklasse account class
kontenlose Buchführung open item system
Kontenplan chart of accounts
Kontenrahmen standard chart of accounts
Kontingent quota, share
Konto account
Kontoauszug bank statement, statement of account
Konto belasten debit an account
Konto einrichten open an account
Konto erkennen credit an account
Kontokorrentbuch accounts receivable ledger
Kontokorrentkonto checking account, current account
Kontokorrentkredit overdraft on current account
Konto schließen close an account
Kontostand account balance, bank balance

Konto überziehen overdraw an account
Kontoüberziehung overdraft
kontrahieren contract, negotiate, order
Kontrakt contract
Kontrollspanne chain of command
Konventionalstrafe penalty for breach of contract
Konvergenz convergence
Konversion conversion
Konversionskurs conversion price
Konvertibilität convertibility
konvertieren convert
Konvertierung conversion
Konzentrat concentrate
Konzentration concentration
konzentrieren concentrate
Konzept concept, rough draft
Konzern conglomerate, group
Konzernabschluß consolidated financial statements
Konzernbilanz consolidated balance sheet
Konzernleitung central management, group management
Konzernunternehmen group company
Konzession concession, franchise
Kooperation collaboration, cooperation
Kooperationsvertrag cooperative agreement
Koordination coordination
Kopfjäger headhunter
Kopiergerät copier
Körperschaft corporate entity, corporation
Körperschaft des öffentlichen Rechts public law corporation
Korrelation correlation
Korrespondenzbank correspondent bank
korrigieren correct, proofread
kostbar valuable
Kosten costs, expenses, fees, outlay
Kostenarten cost types
Kostenartenrechnung cost type accounting
Kosten aufgliedern itemize costs
Kostendeckungspunkt break-even point
Kosteneinflußgrößen cost determinants
kostenlos free of charge
Kostenmiete cost-covering rent
Kosten-Nutzen-Analyse cost-benefit analysis
Kostenrechnung cost accounting
Kostenrechnungssystem costing system
Kostenstelle cost center
Kostenstellenrechnung departmental costing
Kostenträger cost unit, unit of cost
Kostenträgerstückrechnung cost unit accounting
Kostenüberdeckung cost surplus
Kostenübernahme assumption of costs
Kostenverrechnung cost allocation
Kostenverteilung cost distribution
Kostenwirksamkeit cost effectiveness
kostspielig expensive
Kost und Logis room and board
kraft by virtue of, on the strength of
Kraftfahrzeugsteuer motor vehicle tax
Kraftprobe trial of strength
Kraftwerk power station
Krankengeld sickness pay
Krankenversicherung health insurance
kraß flagrant
Kredit credit, loan

Kreditauskunft credit information
Kreditbedarf borrowing requirements
Kreditbrief letter of credit
Kreditfähigkeit credit standing
Kreditgeber lender
Kreditlinie line of credit
Kreditnehmer borrower
Kreditoren accounts payable, creditors
Kreditpolitik lending policy
Kreditrahmen credit line
Kreditschöpfung credit expansion
Kreditschutz credit protection
Kreditsicherheit collateral
Kreditverlängerung extension of credit
Kreditversicherung loan insurance
kreditwürdig creditworthy
Kreditwürdigkeit credit rating, credit standing
Kreditzusage credit approval
Kreislauf cycle
Kreuzpreiselastizität cross price elasticity
Krisenmanagement crisis management
kulant fair, obliging, willing to please
Kulanz accomodation, fairness
Kunde client, customer
Kundendienst customer service
Kundentechniker service technician
Kundenwerkstatt service center
Kundgebung declaration, demonstration
kündigen dismiss, give notice, quit, terminate
Kündigung dismissal, notice, termination
Kündigungsfrist period of notice
Kündigungsschreiben written notice
Kundschaft clientele, customers
Kupon coupon, dividend coupon
Kuppelproduktion joint production
Kurs price, rate, quotation, rate of exchange
Kursgewinn market profit, stock price gain
Kurs-Gewinn-Verhältnis price-earnings ratio
kursiv in italics
Kursmakler exchange broker, stock broker
Kursnotierung quotation
Kurssicherung forward cover, hedging
Kurssicherungsgeschäft hedging transaction
Kursstützung price support
Kursverlust price loss
Kurswert market value, quoted value
Kurszettel stock exchange list
kürzen cut, reduce
kurzfristig on short notice, short-term
kurzfristige Finanzierung short-term financing
kurzfristiger Kredit short-term loan
kürzlich recently
Kürzung cut, reduction
Kurzwaren notions
Kux mining share

L

Labor lab
Laboratorium laboratory
Ladeeinheit unit of freight
Ladegut cargo, freight
laden load
Ladendiebstahl shoplifting
Ladenkasse till
Ladenschluß closing time
Ladentisch counter
Ladepapiere shipping documents
Laderaum hold
Ladeschein bill of lading, shipping bill
Ladevermögen loading capacity
Ladung cargo, load
Lagebericht situation report
Lager stock, warehouse
Lagerbestand stock on hand
Lagerbuchführung stock accounting
Lagerhaus warehouse
Lagerkapazität storage capacity
lagern stock, store
Lagerschein warehouse receipt
Lagerumschlag inventory turnover
Lagervertrag warehousing contract
Lagervorrat stock, supply
Landarbeiter farmworker
Landesbank regional bank, national bank
Landgut landed estate
Landhaus cottage, country house
Landmesser land surveyor
Landsmann fellow countryman
Landwirt farmer
Landwirtschaft agriculture, farming
landwirtschaftlich agricultural
langfristig long-term
langlebige Konsumgüter durable consumer goods
Lastenausgleich equalization of burdens
Lastkahn barge
Lastschrift debit entry, direct debit
Lastschriftanzeige debit memo, debit note
latente Steuern deferred taxes
Lattenkiste crate
Laufbahn career
Laufbahnplanung career planning
laufend current, continuous, running
laufender Meter running meter
laufendes Konto checking account
Leasing leasing
Leasinggesellschaft leasing company
lebensfähig viable
Lebensfähigkeit viability
Lebenshaltungskosten cost of living
Lebenslauf curriculum vitae
Lebensmittelgeschäft grocery store
Lebensqualität quality of life
Lebensstandard standard of living
Lebensunterhalt livelihood
Lebensversicherung life insurance
lebenswichtig vital
Lebenszyklus life cycle
Leerkosten idle capacity cost
Leerverkauf short sale
leerverkaufen sell short
Lehrbuch textbook
Lehrgang course of instruction
Lehrling apprentice, trainee
Lehrwerk textbook
Lehrzeit apprenticeship

Leiharbeitsverhältnis loan employment
Leihhaus pawnshop
Leihwagengeschäft car rental business
Leistung capacity, output, performance
Leistungsanreiz incentive, inducement
Leistungsbilanz current account balance
leistungsfähig capable, efficient, productive
Leistungsfähigkeit efficiency, productive capacity
Leistungslohn incentive wage
Leistungsprinzip merit system
leitend prominent, senior
leitender Angestellter senior executive
Leiter head, leader, manager
Leitkurs central rate
Leitsatz guiding principle
Leitung leadership, management
Leitwährung key currency
Leitzins key rate, prime rate
lenken channel, direct, guide
Lenkungsausschuß steering committee
Leseranalyse reader survey
leserlich legible
Leserschaft readers, readership
Letztverbraucher consumer, ultimate user
leugnen deny
LIBOR-Zuschlag spread
lichtdurchlässig translucent
lichtundurchlässig opaque
Lieferant supplier
Lieferantenkredit trade credit
lieferbar available
Lieferbarkeit availability
Lieferbedingungen terms of delivery
Lieferdatum delivery date
Lieferklauseln commercial terms
Liefermenge quantity delivered
liefern deliver, supply
Liefersperre delivery ban
Lieferung delivery, supply
Lieferungsverzögerung delay in delivery
Lieferungsverzug delayed delivery
Lieferverzug default of delivery
Lieferwagen delivery van
Lieferzeit delivery time
liegenbleiben remain unfinished, remain unsold
Lifo-Methode last-in-first-out method
Limit margin, price limit
lineare Abschreibung straight-line method of depreciation
Liquidation liquidation, realization, settlement
Liquidationsbilanz liquidation balance sheet
Liquidationswert realization value
liquide Mittel liquid funds
Liquidität liquidity
Liquiditätsanspannung strain on liquidity
Liquiditätsgrad liquidity ratio
Liquiditätsgrundsatz liquidity rule
Liquiditätsknappheit liquidity shortage
Liquiditätsreserve liquid reserves
Listenpreis list price
Lizenz license, permit
Lizenzfertigung licensed production, manufacture under license
Lizenzgeber licensor
Lizenzgebühr license fee
Lizenzinhaber licensee
Lizenznehmer licensee
Lizenzvertrag license agreement
Logistik logistics
Lohn pay, wage
Lohnarbeiter wage earner
Lohndrift wage gap
lohnend profitable, worthwhile

Lohnfonds wage fund
Lohnforderung wage claim
Lohnformen payments system
Lohnfortzahlung continuation of wage payments
Lohnkonflikt industrial dispute
Lohnkonto payroll account
Lohnleitlinien wage guidelines
Lohnnebenkosten incidental cost of wages
Lohnpolitik wage policy
Lohn-Preis-Spirale wage-price spiral
Lohnschreiber hack
Lohnsteuer wage withholding tax
Lohnsteuerkarte wage tax card
Lohnsteuertabelle wage withholding tax table
Lohnstopp wage freeze
Lombardbestände collateral deposits
Lombardgeschäft collateral loan business
Lombardkredit collateral loan
Lombardsatz prime rate, rate for loans on collateral
Lorokonto loro account
löschen cancel, write off
Lösegeld ransom
Losgröße batch size
Lösung solution
Lücke gap, loophole, omission
Lückenbüßer stopgap
Luftfahrtversicherung aviation insurance
Luftverschmutzung air pollution
lukrativ lucrative, remunerative
Luxus luxury
Luxusartikel luxury items

M

Machtkampf power struggle
Magazin storage depot
mahnen send someone a reminder, warn
Mahnschreiben reminder
Mahnung reminder, request for payment, warning
Makel defect, fault
Makler broker
Maklercourtage broker's fee
Management management
Manager director, manager
Mangel defect, deficiency, fault, shortage
mangelhaft defective
Mängel in der Verarbeitung faulty workmanship
Mängelrüge customer's complaint, notice of defects
Manko cash shorts
Mantel stock certificate
Manteltarifvertrag umbrella agreement
Mantelzession general assignment
Mappe briefcase, folder, portfolio
Marge margin, spread
Marginalanalyse marginal analysis
Marke brand, trademark
Markenname brand name, trade name
Markierung marking
Markt market
Marktanalyse market analysis
Marktanteil market share
marktbeherrschende Stellung dominant market position
Marktentwicklung market development
Marktforschung marketing research

Marktlücke gap in the market
Marktordnung marketing regulation
Marktplatz marketplace
Marktsättigung market saturation
Marktsegment market segment
Marktstruktur market structure
Markttest market test
Marktübersicht market survey
Marktwirtschaft market economy
Marktzutritt entry into the market
Maschinenbau mechanical engineering
Maschinenbauer mechanical engineer
Maschinenbauindustrie engineering industry
Maschinenlaufzeit running time
Massegläubiger creditor of debtor's property
Massenentlassung mass dismissal
Massenerzeugung mass production
Massenfertigung mass production
massenweise in large numbers, wholesale
Masseschulden unsecured debts
Maßgeblichkeitsprinzip authoritative principle
Maßnahmen treffen make arrangements, take steps
Maßstab scale, standard, yardstick
Materialbeschaffung procurement of materials
Materialbuchführung stock accounting
Materialentnahme withdrawal of material
Materialgemeinkosten indirect material costs
Materialkosten material costs
Materialwirtschaft materials management and control
Maurer bricklayer, mason
Mechanismus mechanism
Median median
Medio-Abrechnung mid-month settlement
Mehrarbeit extra work
Mehrbetrag surplus
Mehrfachfertigung multiple-process production
Mehrgebot higher bid
Mehrheit majority
Mehrheitsbeteiligung controlling interest, majority holding
Mehrkosten additional costs
Mehrstimmrechtsaktie multiple stock
Mehrwert surplus value
Mehrwertsteuer value-added tax
Meinungsforschung public opinion research
Meinungsumfrage opinion poll
Meinungsverschiedenheit difference of opinion, dispute
Meistbegünstigung most-favored-nation treatment
Meistbegünstigungsklausel most-favored-nation clause
Meistbietender highest bidder
Meistgebot highest bid
Meldebestand protective inventory
Menge quantity
Mengennotierung indirect quotation
Mengenrabatt volume discount
Merchandising merchandising
meritorisches Gut merit good
Merkmal attribute, characteristic
merkwürdig peculiar
meßbar measurable
Messe exhibition, trade fair
Messing brass
Meßzahl index number
Metallwährung metallic standard
Metallwarenbranche metal goods industry
Miete rent
mieten hire, lease, rent

Mieter lessee, tenant
Mieterschutz rent control
Mietgebühr rental fee
Mietkauf lease-purchase agreement
Mietkaution rent deposit
Mietvertrag lease, tenancy agreement
Mietwagen rented car
Mikroökonomie microeconomics
mildern mitigate
Minderheitsbeteiligung minority holding
Minderlieferung short delivery
Minderung abatement, reduction
Minderwertigkeit inferiority
Mindestarbeitsbedingungen minimum employment standards
Mindestbestand minimum inventory
Mindestgebot lowest bid
Mindestlohn minimum wage
Mindestpreis minimum price
Mindestrente minimum pension
Mindestreserve required reserves, safety fund
Mindestreservesatz minimum reserve ratio
Mischkonzern conglomerate
mißachten disregard
Mißachtung disregard
mißbilligen disapprove of
Mißbilligung disapproval
mißdeuten misread
Mißerfolg failure
Mißtrauensvotum vote of no confidence
Mißwirtschaft economic mismanagement
Mitarbeiter associate, colleague, fellow worker
Mitarbeiterbeurteilung performance appraisal
Mitbestimmung joint management
Mitbewerber competitor
Miteigentum joint property
miteinbegriffen included
Mitglied member
Mitgliedschaft membership
mitteilen inform
Mitteilung message, notification
Mitteilungsblatt information bulletin
Mittelkurs middle price
mittellos destitute
Mittelstand middle classes
Mittelwert average value
mittlerweile in the meantime
Mitversicherung coinsurance
mitwirken contribute, cooperate, participate
Mobilität mobility
Modenschau fashion show
modern up-to-date
modernisieren modernize
Modernisierung modernization
Modus mode
möglich feasible, possible, potential
möglicherweise possibly
Monatsrate monthly installment
Monatszahlung monthly payment
Monopol monopoly
monopolisieren monopolize
Montage assembly
Montanindustrie mining industry
Moratorium moratorium, suspension of debt repayment
Motivforschung motivational research
motivieren motivate
Motorausfall engine failure
mündelsicher eligible, gilt-edged
mündig of age
Münze coin
Muster design, model, pattern, sample, specimen
Musterbrief model letter
mustergetreu according to sample

Musterschutz design copyright
Musterstück sample, specimen
Mustervertrag specimen contract
Musterzeichnung design
mutmaßen presume, surmise
Mutmaßung conjecture, presumption
Muttergesellschaft parent company
Mutterschaftsurlaub maternity leave

N

nachahmen imitate
Nachahmung imitation
nacharbeiten rework
Nachbarschaftsladen neighborhood store
nachbessern rectify, touch up
Nachbesserung elimination of faults
Nachbestellung repeat order
Nachbildung copy, replica
Nachbörse after-hours trading market
nachdenken deliberate, reflect
Nachdruck emphasis
nachdrücklich emphatically, strongly
Nachfeststellung subsequent assessment
nachfolgen succeed
Nachfolger successor
Nachfrage demand
Nachfrageelastizität elasticity of demand
Nachfrageinflation demand inflation
Nachfrist additional time, period of grace
nachgehen investigate
Nachkalkulation actual cost determination
nachkommen comply, fulfill, meet
Nachlaß allowance, discount, estate, inheritance, reduction
nachlassen allow a discount, reduce
nachlässig negligent
nachprüfen check, verify
Nachprüfung check, verification
Nachricht message
Nachrichten news
Nachrichtenagentur news agency
Nachrichtensperre news blackout
Nachrichtensprecher newscaster
Nachrichtensystem system of communications
Nachschlagebuch reference book
Nachsichtwechsel after-sight bill
nächster Verwandter next of kin
Nachteil disadvantage
nachteilig unfavorable
Nachtragshaushalt supplementary budget
Nachtschicht night shift
nach und nach gradually
Nachversicherung supplementary insurance
Nachweis evidence, record
nachweisen demonstrate, prove
Nachwuchs new generation, young talent
Nachwuchskräfte junior management
Nachzügler latecomer
Nachzugsaktie deferred stock
Nacktoption naked option
naheliegend obvious
nähere Einzelheiten further details

Näheres details, particulars
namens by the name of
Namensaktie registered stock
Namenspapier straight note
nämlich namely
nationalisieren nationalize
Naturallohn wage in kind
Naturalobligation imperfect obligation
Naturaltausch barter
natürliche Person natural person
natürlicher Zins natural rate of interest
natürliches Geschäftsjahr natural business year
Nebenberuf sideline
nebenberuflich as a sideline
Nebenbeschäftigung second job, sideline
Nebeneinkommen casual income
Nebengebäude annex
Nebenkosten additional costs, incidental expenses
Nebenprodukt by-product, spin-off
nebensächlich nonessential
negative Einkommensteuer negative income tax
negativer Leverage-Effekt negative leverage
negatives Kapitalkonto negative capital account
Neigung inclination
Nennbetrag nominal amount
nennen name
nennenswert noteworthy
Nennkapital nominal capital
Nennwert face value, nominal value, par value
nennwertlose Aktie nonpar share, no-par stock
netto clear, net
Nettoanlagevermögen net fixed assets
Nettoauslandsaktiva net external assets
Netto-Bestandshaltekosten negative carry
Nettobetriebserfolg net operating income
Nettobetriebsgewinn net operating profit
Nettobuchwert net book value
Nettoeinkaufswert net purchases
Nettoeinkommen net income
netto einnehmen net
Nettogehalt net salary
Nettogewicht net weight
Nettogewinn net earnings, net profit
Nettoinlandsprodukt net domestic product
Nettoinvestition net investment
Nettokosten net cost
Nettokreditaufnahme net borrowing
Nettolohn net wages
Nettopreis net price
Nettoproduktion net output
Nettorendite net yield
Nettorisikoprämie net rate
Nettosozialprodukt net national product
Nettoumlaufvermögen net current assets, net working capital
Nettoumsatzrendite net profit margin
Nettoverdienst net earnings
Nettoverkaufserlöse net sales
Nettovermögen net assets, net worth
Nettowertschöpfung net value added
Netzwerk network
neuartig novel
Neubegebung new issue
Neuemission new offering
Neuerer innovator
Neuerung innovation
Neuerungen einführen innovate
Neuerwerbung new acquisition
neugestalten redesign, reorganize
Neuheit novelty
neutraler Aufwand nonoperating expense

neutraler Erfolg nonoperating income
neutraler Gewinn nonoperating profit
Neuveranlagung new assessment
Neuverhandlung renegotiation
Neuwertversicherung insurance reinstatement policy
nicht abzugsfähig non-deductible
Nichtachtung disregard
Nichtbeachtung nonobservance
nicht beeinflußbare Kosten noncontrollable cost
nichtbegebbarer Wechsel nonnegotiable bill
Nichtbezahlung nonpayment
nichtdauerhafte Güter nondurable goods
Nichteinhaltung noncompliance
Nichterfüllung nonperformance
nicht ersetzbar nonrenewable
nicht gewinnorientiert nonprofit
Nichtigkeit nullity
Nichtigkeitserklärung nullification
nicht konkurrierend noncompeting
nichtkumulative Vorzugsaktie noncumulative preferred stock
Nichtlieferung nondelivery
Nichtmitgliedsbank nonmember bank
Nichtortsansässiger nonresident
nicht steuerpflichtig nontaxable
nichttarifäre Handelshemmnisse nontariff barriers to trade
nicht vertragsgemäß nonconforming
nicht wiederkehrend nonrecurring
Nichtzahlung nonpayment
Niederlassung branch, branch office
Niederstwertprinzip lower of cost or market principle
Niedrigsteuerland tax haven
Niedrigzinspolitik cheap money policy
Nießbrauch right of use, usufruct
Niete failure, nonentity
Nische niche
Nominaleinkommen nominal income
Nominalkapital nominal capital
Nominallohn nominal wage
Nominalverzinsung nominal yield
Nominalwert face value, nominal value
Nominalzins nominal interest rate
Norm norm, standard
Normalbelastung normal load
normale Abnutzung normal wear and tear
normalerweise ordinarily
Normalgeschwindigkeit normal pace
Normalgewinn normal profit
Normalkosten standard costs
Normalleistung normal performance
Normalrendite normal return
Normalverteilung normal distribution
Normalzubehör standard accessories
normative Wirtschaftswissenschaft normative economics
normieren standardize
Normung standardization
Nostroeffekten nostro securities
Nostroguthaben nostro balance
Nostroverpflichtungen nostro liabilities
Not hardship
Notar notary public
notariell beglaubigen notarize
notarielle Beurkundung notarial act
Note bill, note
Notenbank bank of issue
Notenumlauf notes in circulation
Notfall emergency

Notgroschen nest egg
notieren list, note, quote
notiert listed, quoted
Notierung quotation
nötigen compel
notleidende Gesellschaften companies in default
Notverkauf emergency sale
Notwendigkeit necessity
Novum novelty
Nullkuponanleihe zero coupon bond
Nullsummenspiel zero sum game
null und nichtig null and void
Nullwachstum zero growth
Nummernkonto numbered account
Nutzen advantage, benefit, profit, utility
Nutzfahrzeug commercial vehicle
Nutzkosten used-capacity cost
Nutzlast service load
Nutznießer beneficiary
Nutzungsdauer economic life, useful life
Nutzungsgebühr user fee, royalty
Nutzungsrecht usufructuary right

O

Oberbegriff generic term
Oberschicht upper classes
obig above-mentioned
Objektsteuer impersonal tax
Obliegenheit duty, obligation
Obligation bond, debenture
Obligo commitment, guaranty, liability
Obmann umpire
Obrigkeit authorities, the powers that be
Oderkonto joint account
offenbaren reveal
Offenbarungseid oath of disclosure
offene Handelsgesellschaft ordinary partnership
Offene-Posten-Buchführung ledgerless accounting
offener Posten overdue account, unpaid invoice
offene Stelle job opening
offenkundig apparent, evident, flagrant, obvious
Offenmarktgeschäfte open market operations
offensichtlich obvious
offenstehend outstanding
öffentlich public
öffentliche Arbeiten public works
öffentliche Auflegung public offering
öffentliche Ausgaben public spending
öffentliche Hand public authorities
öffentlicher Bereich public sector
öffentlicher Betrieb public enterprise
öffentlicher Kredit public loan
Öffentlichkeitsarbeit public relations work
offizielle Vertretung consular mission
Öffnungszeiten business hours
Ökologie ecology
Ökonom economist
Ökonomie economics
ökonomisch economic, economical, thrifty

ökonomisches Prinzip efficiency rule
Ökosystem ecosystem
Oligopol oligopoly
Ölleitung pipeline
Omnibusbefragung omnibus survey
optimale Bestellmenge economic order quantity
Option option
Optionsanleihe convertible bond issue
Optionsgeschäft dealing in options
Optionsschein warrant
Orderklausel order clause
Orderpapier negotiable instrument, order paper
Orderscheck check to order
ordnungsgemäß duly, properly
Organ body, executive body, organ
Organisation organization, organizing
Organisationsabteilung organization department
Organisationsplan organizational chart
Organschaft interlocking relationship
Orientierungspreis introductory price
Orientierungspunkt reference point
Originalfaktura original invoice
Originalwechsel original bill of exchange
örtliche Verhältnisse local conditions
ortsansässig local, resident
Ortsbesichtigung local inspection
Ortsgespräch local call
Ortszeit local time
Ozonschicht ozone layer

P

Pacht lease
Pachtbesitz leasehold
Pächter leaseholder, lessee
Pachtgrundstück leasehold
Päckchen small parcel
Packkiste packing case
Packstück package
Packung package
pagatorische Rechnung cash basis of accounting
Paket packet, parcel
Palette pallet
Pappschachtel cardboard box
Parafiskus intermediate fiscal power
parallel parallel
Parallele parallel
Parallelverhalten concerted action
Parallelwährung parallel currency
Pari par
Pari-Emission issue at par
parieren parry, toe the line
Parität parity, par value
parteiisch biased, partial
parteilos impartial, unbiased
Parterre ground floor
partiell partial
Partnerschaft partnership
passend appropriate, applicable
Passiva accounts payable, liabilities and capital
Passivierung carrying as liabilities

Passivwechsel bill payable
Patent patent
Patentanwalt patent attorney
patentieren patent
patentiert patented
Patentinhaber patentee
Pauschalabschreibung overall depreciation
Pauschalbesteuerung lump-sum taxation
Pauschale lump sum
Pauschalwertberichtigung general allowance
Pauschbetrag lump sum
pausenlos continuous, uninterrupted
pendeln commute
Pendler commuter
penibel meticulous
Pension pension
pensioniert retired
Pensionierter pensioner
Pensionskasse pension fund
Pensionsrückstellung pension reserve
per by, per, via
per Adresse care of, c/o
per Bahn by train
per Einschreiben by registered mail
per Erscheinen when issued
per Kasse for cash
per Prokura by proxy
per Saldo by balance
per sofort starting immediately
Personal personnel, staff
Personalabteilung personnel department
Personalakte employee records, personnel file
Personalaufwand personnel costs
Personalausweis ID card
Personalbedarf manpower requirements
Personalberater personnel counselor
Personalbeschaffung personnel recruiting
Personalbogen personnel record sheet
Personalchef personnel manager
Personalführung personnel management
Personalkosten personnel costs
Personalkredit personal loan
Personalleiter personnel manager
Personalplanung manpower planning
Personalpolitik employment policy
Personalwerbung recruiting, recruitment
Personalwirtschaft human resources management
Personengesellschaft partnership
Personenschaden personal injury
Personensteuer personal tax
persönlich personal, private
persönliche Haftung personal liability
Pfand deposit, pledge
Pfandbrief mortgage bond
Pfandhaus pawnshop
Pfandleihe pawnbroking
Pfandrecht right of lien
Pfändung attachment, seizure
Pflicht duty
pflichtbewußt conscientious
Pflichterfüllung performance of duty
Pflichtversicherung compulsory insurance
Pfuscharbeit botched-up job
Pilotprojekt pilot project
plädieren plead
Plagiat plagiarism
plagiieren plagiarize
Plakat bill, poster
Planbeschäftigung activity base
planen budget, plan, schedule
Plankosten budget, target cost
planmäßig according to plan, according to schedule
Planungsrechnung cost budget

platzen bounce
Platzkauf spot purchase
Platzkurs spot market price
Pleite bankruptcy
pleite bankrupt, broke
Pleite machen go bankrupt, go broke
Police insurance policy, policy
Polypol polypoly
Portefeuille portfolio
Portfolioinvestition portfolio investment
Porto postage
portofrei postpaid
Position item
positive Vertragsverletzung positive breach of contract
Postanweisung postal order
Posten entry, item, job, position
Postfach PO Box, post office box
Postgut parcel post
postlagernd general delivery, poste restante
Postleitzahl postal code, ZIP Code
Poststempel postmark
postwendend by return mail
Präferenz preference
Praktikant trainee
praktisch convenient, virtually
Prämie bonus, premium
Prämienlohnsystem bonus scheme
Prämiensatz premium rate
Präventivmaßnahme preventive measure
Preis cost, fee, price, rate
Preisänderungen vorbehalten prices subject to change
Preisangabe price, quotation
Preis angeben quote
Preisauszeichnung price marking
preisbereinigt in real terms
Preisdifferenzierung price differentiation
Preiselastizität price elasticity
Preisempfehlung price recommendation
Preisermäßigung price cut
Preisflexibilität price flexibility
Preisführerschaft price leadership
preisgebunden price-maintained
Preisgleitklausel escalator clause
Preisindex price index
Preisindex für die Lebenshaltung cost-of-living index
Preis je Einheit price per unit
Preisliste price list
Preisnachlaß allowance, discount, rebate
Preisniveau price level
Preispolitik pricing policy
Preissenkung price reduction
Preisstopp price freeze
Preissturz fall in prices
Preisunterbietung undercutting
Preisvergleich comparison of prices
Preiszettel price tag
Pressemitteilung press release
primäre Kosten primary costs
Primärliquidität primary liquidity
Primärstatistik primary statistics
Prinzip principle
Privatangelegenheit personal matter
Privatbankier private banker
Privatdiskont prime rate
privater Verbrauch private consumption
Privathaftpflichtversicherung personal liability insurance
Privatisierung privatization
privatrechtliche Vereinigung private-law association
Privatversicherung private insurance
Privileg privilege
Probeauftrag trial order
Probezeit probationary period
probieren attempt, try
Produktdifferenzierung product differentiation

Produktenbörse produce exchange
Produktgestaltung product design
Produkt-Haftpflichtversicherung product liability insurance
Produkthaftung product liability
Produktinformation product information
Produktion manufacture, production
Produktionsmittel means of production
Produktionspotential productive capacity
Produktionswert gross output
Produktivität efficiency, productivity
Produktivvermögen productive wealth
Produktlebenszyklus product life cycle
Produktmanagement product management
Produktpolitik product policy
Produzent manufacturer, producer
Produzentenrente producer's surplus
produzieren manufacture, produce
Profi pro, professional
Profit benefit, gain, profit
profitabel lucrative, profitable
profitieren profit
Profitmacher profiteer
Proformarechnung pro-forma invoice
Prognose forecast, prognosis
Programmangebot range of products
progressive Kosten progressive costs
Projektion projection
Projektstudie feasibility study
Prokura authority to act on behalf of the principal
Prokurist executive secretary
Prolongation extension, renewal
prolongieren extend, prolong
Promotion sales promotion
proportionale Kosten proportional cost
Prospekt brochure, leaflet, prospectus
Prosperität prosperity
Protokoll minutes, record
Provision brokerage, commission, fee
Provisionsbasis commission basis
Prozentsatz percentage
Prozeß lawsuit, legal action
prozessieren litigate
Prozeßkostenhilfe legal aid
Prozeßpolitik technical policy issues
prüfen check, examine, test
Prüfstein touchstone
Prüfung examination, inspection
Prüfungsbericht auditor's report
Prüfungskosten auditing fees
Prüfungsvermerk accountant's opinion, auditor's certificate
Publikum audience, public
Publikumsgesellschaft public corporation
Publizität publicity
Publizitätspflicht compulsory disclosure
pünktlich on time, punctual
Pünktlichkeit punctuality

Q

Qualifikation competence, qualification
qualifizieren qualify
qualifiziert qualified, skilled
Qualität quality
qualitativ qualitative
qualitatives Merkmal qualitative characteristic
Qualitätsabweichung deviation from quality
Qualitätsarbeit superior workmanship, quality work
Qualitätserzeugnis high-quality product
Qualitätskontrolle quality control
Qualitätsniveau quality level
Qualitätssicherung quality assurance
Qualitätstypen commodity grades
Qualitätsvorsprung qualitative edge
Qualitätszirkel quality circle
quantitativ quantitative
quartal quarter
Quartalsdividende quarterly dividend
Quartalsrechnung quarterly invoice
Quartalszahlung quarterly payment
Quartier accommodation, district, quarters
Quasigeld near money
Quelle origin, source
Quellenabzug withholding at source
Quellenangabe reference
Quellenbesteuerung taxation at source
Quellensteuer withholding tax
Querschnittsanalyse cross-section analysis
querschreiben accept a bill of exchange
Querverweis cross-reference
Quintessenz gist, quintessence
quitt even, quits
quittieren give a receipt for, receipt
quittierte Rechnung receipted invoice
Quittung receipt
Quote quota
Quotenaktie no-par stock
Quotenkartell commodity restriction scheme
quotieren quote
Quotierung quotation

R

Rabatt allowance, deduction, discount, rebate
Rahmen framework, limit, scope
Rahmentarifvertrag basic contract, skeleton wage agreement
Ramschverkauf rummage sale
Rang standing
Rat advice, council
Rate installment, payment
Ratenkauf installment purchase, never-never
Ratenkredit installment credit

ratenweise by installments
Ratenzahlung installment payment
Ratgeber adviser
Ratifizierung ratification
Ratings ratings
rationalisieren modernize, rationalize, streamline
Rationalisierung downsizing, rationalization
Rationalisierungsfachmann efficiency engineer (expert)
Rationalisierungsinvestition plant modernization investment
Rationalprinzip efficiency rule
rationell efficient
Rationierung rationing
ratlos at a loss
ratsam advisable, good policy
Ratschlag a piece of advice
Ratschläge advice
Raub robbery
Raum space
Räumlichkeiten premises
Raumplanung regional planning
Räumung clearance
Räumungsverkauf clearance sale, liquidation sale
rausschmeißen sack
Rausschmiß sack
Reaktion reaction, response
Realeinkommen real income, real earnings
Realkapital tangible assets
Realkredit real estate loan
Realkreditinstitut mortgage bank
Reallohn real wages
Realsteuer property tax
Realzins actual interest, real interest
Recheneinheit unit of account
Rechenfehler miscalculation
Rechenschaft account
Rechnung account, bill, invoice
Rechnungen prüfen audit
Rechnungsabgrenzungsposten accrued expenses and deferred income
Rechnungsabschluß balancing of accounts
Rechnungsbetrag invoice amount
Rechnungsdatum date of invoice
Rechnungseinheit accounting unit
Rechnungshof General Accounting Office
Rechnungsjahr fiscal year
Rechnungslegung rendering of accounts
Rechnungsprüfer auditor, number cruncher
Rechnungsprüfung invoice audit
Rechnungswesen accountancy, accounting
Rechte und Pflichten rights and duties
rechtfertigen justify
Rechtfertigung justification
rechtlich legal
rechtmäßig rightful
Rechtsanwalt attorney, lawyer, solicitor
rechtsfähiger Verein nonstock corporation
Rechtsform legal form
Rechtsgeschäft legal transaction
Rechtskanzlei law firm, law office
Rechtsmangel legal infirmity
Rechtsmittelverfahren appeals procedure
Rechtsschutz legal protection
Rechtsstreit lawsuit, legal dispute, litigation
Redakteur editor
Redaktion editorial staff
redigieren edit
Rediskont rediscount
Rediskontkontingent rediscount quota
Rediskontsatz rediscount rate
Reduzierung reduction
Reeder shipowner
Reederei shipping company
Referat lecture, report, talk

Referent adviser, consultant, speaker
Referenz reference
refinanzieren refinance
Refinanzierung refinancing
Reflation reflation
Regel regulation
Regelerfüllung regular-way settlement
regelmäßig regular
regeln arrange, settle, put in order
Regenversicherung rain insurance
Regie administration, management
Regionalbank regional bank
Regionalpolitik regional development policy
Registerstelle registrar
Regreß recourse
Regreßforderung recourse claim
Regressionsanalyse regression analysis
regressive Steuer regressive tax
regreßlos nonrecourse
regulieren regulate
Regulierung settlement
reichlich ample, plenty of
Reichtümer riches, wealth
Reichweite scope
Reihe series
Reihenfertigung flow shop production
Reihenfolge order, sequence, series
Reinertrag net proceeds
reines Konnossement clean bill of lading
Reingewinn net profit
Reinverlust net loss
Reinvermögen net worth
reinvestieren reinvest
Reinvestition reinvestment
Reisebüro travel agency
Reisekosten traveling expenses
Reisender sales agent, traveling salesman
Reisescheck traveler's check
Reitwechsel kite
Reklamationsabteilung complaint department
Reklame advertisement, advertising, publicity
Reklame machen advertise, promote
Reklametafel sandwich board
rekrutieren recruit
Rekrutierung recruiting
Rektaklausel nonnegotiable clause
Rektapapier nonnegotiable instrument
relevanter Markt relevant market
Remboursgeschäft merchant banking
Rembourskredit commercial letter of credit
Remittent payee of a bill of exchange
Rendite yield
renovieren renovate
rentabel profitable
Rentabilität profitability, rate of return, return on investment
Rente annuity, old-age pension
Rentenalter retirement age
Rentenbarwert present value of annuity
Renteneinkommen unearned income
Rentenfonds annuity fund
Rentenleistungen retirement benefits
Rentenmarkt bond market
Rentenschuld annuity charge
Rentenversicherung annuity insurance
Rentenwerte fixed-interest securities
Rentner pensioner
Reorganisation shake-up
Reparatur repair
Reparaturwerkstatt service center

reparieren repair
Report contango, premium
Repräsentativerhebung sample survey
Repressalien reprisals
repressive Steuer repressive tax
Reprivatisierung reprivatization
Reserve reserve
Reservemedium reserve facility
Reservewährung reserve currency
reservieren book, reserve
Residualeinkommen residual income
Ressourcen resources
Rest remnant
Restbestand remainder
Restbetrag balance, remainder
restlich remaining
restliche Sendung remainder of a consignment
Restposten residual item
Restschuld balance due, remaining debt, residual debt
Restwert net book value, residual value
Resultat consequence, outcome, result
Retouren goods returned, returns
Revers reciprocal bond
Revision audit, auditing, revision
Revisor auditor
revolvierender Fonds revolving fund
Revolvingkredit revolving credit
rezensieren review
Rezession recession
richterliche Entscheidung ruling
Richtigkeit accuracy
richtigstellen rectify, set right
Richtpreis suggested retail price
Risiko hazard, risk
Risikoarbitrage risk arbitrage
Risikobewertung risk rating
Risikokapital risk capital, venture capital
Risikolebensversicherung term life insurance
Risikomanagement risk management
risikoreich risky
risikoscheu risk averse
Risikoverteilung distribution of risk
riskant risky
riskieren risk
Roboter robot
Robotersteuerung robotization
Robotertechnologie robotics
Rohbilanz trial balance, worksheet
Rohdaten raw data
Roherzeugnisse raw goods
Rohgewicht gross weight
Rohgewinn gross profit
Rohgewinnspanne gross margin
Rohöl crude oil
Rohstoffe commodities, raw materials
Rohstoffpreis commodity price
Rohvermögen gross assets
rollendes Budget rolling budget
rollendes Material rolling stock
rückerstatten refund, reimburse
Rückerstattung refund, reimbursement
Rückgang decline, decrease, drop, slump
rückgängig machen annul, cancel
Rückgriff recourse, regress
Rückkauf buying back, repurchase
Rückkaufkurs call price, redemption price
Rückkaufswert redemption value, surrender value
Rücklage reserve
rückläufig declining, downward, falling
rückläufiger Aktienmarkt soft market
Rücknahme repo, repossession
Rückruf recall

Rückrufaktion recall action
Rückrufanzeige recall notice
rückrufen recall
Rückschlag setback
Rücksendung sales return
Rücksendungen und Nachlässe sales returns and allowances
Rückstand arrears
Rückstände outstanding deliveries, outstanding payments
rückständig in arrears, outstanding
Rückstellung reserve for bad debts
Rückstellungen liability reserves
Rücktritt rescission, resignation
Rücktrittsklausel cancellation clause
Rücktrittsrecht right of rescission
Rückübereignung reconveyance
rückversichern reinsure
Rückversicherung reinsurance
rückwirkend retroactive
Rückwirkung repercussion
Rückzahlung refund, repayment
Rückzahlungskurs redemption price
Rückzug withdrawal
Ruf reputation
Ruhestand retirement
Ruin ruin
ruinieren ruin
Rumpfwirtschaftsjahr short fiscal year
Rundschreiben circular
Rüstungsfabrik armaments factory
Rüstungswettlauf arms race
Rüstzeit change-over time

S

Sabotage sabotage
sabotieren sabotage
Sachbearbeiter employee in charge, official in charge
Sachbezüge payment in kind
sachdienlich relevant
Sacheinlage contribution in kind
Sachenrecht property law
Sachkapital real capital
Sachkenntnis expert knowledge, know-how
Sachkundiger expert
Sachleistung payment in kind
sachlich matter-of-fact, objective
Sachmangel defect
Sachverhalt circumstances, facts
Sachvermögen fixed capital
Sachversicherung property insurance
Sachverständiger appraiser, expert
Sachwert intrinsic value, real value
Sachwertverfahren asset value method
saisonale Arbeitslosigkeit seasonal unemployment
Saisonartikel seasonal goods
saisonbereinigt seasonally adjusted
Saisonbereinigung seasonal adjustment
Saisonbewegungen seasonality
Saisonschlußverkauf seasonal clearance sale
Saisonschwankung seasonal fluctuation
Saldenbilanz list of balances
Saldo balance
Saldovortrag balance carried forward

Sammelabschreibung composite depreciation
Sammeldepot collective deposit
sanfte Verkaufstaktik soft sell
sanieren downsize, rationalize, redevelop
Sanierung downsizing, renovation, reorganization, rescue package
Sanierung der Elendsviertel slum clearance
sanitäre Anlagen plumbing
Sanktion sanction
sanktionieren sanction
Satzung articles of incorporation, bylaw, statute
satzungsgemäß statutory
säumiger Schuldner delinquent debtor
Säumniszuschlag delay penalty
Schablone model, pattern, stencil
Schachtel box, carton, case
Schachtelgesellschaft intercorporate privilege
Schaden damage, harm, injury
Schadenersatz compensation, damages
Schadenmeldung notice of damage
Schadensanzeige notification of damage
Schadensregulierung claims settlement
Schadenversicherung casualty insurance
schadhaft damaged
schaffen accomplish, create, manage
Schalterbeamter teller
Schaltergeschäft counter transactions, over-the-counter business
Schaltjahr leap year
Schaltung switch
scharfer Wettbewerb stiff competition
Scharfsinn sagacity
Schattenpreis shadow price
Schattenwirtschaft underground economy
Schatzamt treasury
Schatzanweisung treasury note
schätzen assess
Schatzkammer treasury
Schatzmeister treasurer
Schätzung appraisal, estimate
schätzungsweise approximately, roughly
Schatzwechsel treasury bill
Schaubild diagram
Schaukasten showcase
Schaustück showpiece
Scheck check
Scheck einlösen cash a check
Scheckeinlösung cashing of a check
Scheckeinzug check collection
Scheckheft checkbook
Scheckkarte check card
Schecksperre stop payment
Schein bank note, bill, certificate
Scheingeschäft fictitious transaction
Scheingewinn paper profit
Scheinkauf fictitious purchase
Schema diagram, pattern
Schenkung donation, gift
Schenkungssteuer gift tax
Schichtarbeit shift work
Schichtzuschlag shift differential
Schiedsgericht court of arbitration
Schiedsrichter arbitrator, referee
Schiedsverfahren arbitration proceedings
schiefgehen go wrong
schießen shoot
Schiffahrt shipping
Schlafmöglichkeit sleeping accommodation
schlagfertig quick-witted
Schlagfertigkeit quick-wittedness
Schlagwort catchword, slogan
Schlagzeile headline
Schlechterfüllung default

Schlechtwettergeld bad-weather compensation
schleichende Inflation creeping inflation
Schleichwerbung camouflaged advertising
Schlepper tout
schlichten arbitrate, mediate
Schlichtung arbitration, mediation
schließen shut down
Schließfach safe-deposit box
Schließung closure
Schlosser fitter, locksmith, mechanic
Schluderarbeit rush job
Schlußbilanz closing balance sheet
Schlußbrief letter of confirmation
Schlußdividende final dividend
Schlüsselindustrie key industry
Schlußformel complimentary close
Schlußkurs closing price, final quotation
Schlußnote confirmation slip
Schlußverkauf clearance sale
schmieren bribe
Schmiergeldfonds slush fund
Schmuggel smuggling
Schmuggelware contraband
Schneeballsystem snowballing
Schranke barrier
Schreibkraft typist
Schreibwarengeschäft stationer's
schriftlich in writing
Schriftstück document, paper
Schrott scrap
Schrottwert salvage value, scrap value
Schrumpfpackung shrink wrap
Schuld debt
Schuldbuch debt ledger, debt register
schulden owe
Schuldendienst debt servicing
Schulden haben be in debt
schuldhaft negligent
Schuldner debtor
Schuldschein certificate of indebtedness, promissory note
Schuldtitel debt issue
Schuldverhältnis contractual obligation
Schuldverschreibung bond
Schuldwechsel notes payable
Schutz safeguard
Schutzzoll protective tariff
schwanken fluctuate
schwankend fluctuating, sensitive
Schwankung fluctuation
Schwarzarbeit moonlighting
Schwarzhandel black-market operations
Schwarzmarkt black market
schwebendes Konto suspense account
Schwerindustrie heavy industry
Schwindel fraud, swindle
Schwindelgeschäft racket
Schwund shrinkage
Seefracht ocean freight
Seefrachtbrief ocean bill of lading
Seeschiffahrt ocean shipping
Seeversicherung marine insurance
Segmentierung segmentation
Sektor sector
sekundär secondary
sekundäre Kosten secondary costs
Sekundärliquidität secondary liquidity
Sekundärmarkt secondary market
Sekundärreserven secondary reserves
Sekundärstatistik derived statistics
selbständig self-employed
Selbständiger self-employed person
Selbstbedienungsladen self-service store

Selbstbehalt deductible, net retention
Selbstbeschränkungsabkommen voluntary restraint agreement
Selbstbeteiligung deductible, net retention
Selbstbeurteilung self-appraisal
Selbsteintritt self-dealing
selbsternannt self-appointed
Selbstfinanzierung own financing, self-financing
Selbsthilfe self-help
selbstklebend self-adhesive
Selbstkontrahieren self-contracting, self-dealing
Selbstkosten direct cost
Selbstkostenpreis cost price
Selbstkostenrechnung cost estimating
selbstregulierend self-adjusting
selbstschuldnerische Bürgschaft absolute guaranty
Selbstversicherer self-insurer
Sendung consignment, shipment
senken reduce
Senkung reduction
Serie series
Serienfertigung serial production
Serienleihe serial bonds issue
Servicegrad service level
sexuelle Belästigung sexual harassment
Sicherheit collateral, safeguard, safety, security
Sicherheitsbestand minimum inventory level, safety inventory
Sicherheitsnetz safety net
Sicherheitsvorkehrung safety measure
Sicherheitsvorschriften safety regulations
sichern hedge, safeguard, secure, protect
sicherstellen ensure, guarantee, make safe, secure
Sicherungsabtretung assignment for security
Sicherungshypothek chattel mortgage
Sicherungsübereignung mortgage of goods, transfer of property
sich selbst bewahrheitende Voraussage self-fulfilling prophecy
sichtbar noticeable
Sichteinlage demand deposit, sight deposit
Sichtguthaben call deposit
Sichttratte sight draft
Sichtwechsel bill payable at sight, demand bill
simulieren simulate, pretend
Simultanankauf wash sale
Simultanverkauf wash sale
Sitz headquarters, main office, seat
Sitzstreik sit-down strike
Sitzung meeting, session
Sitzungsperiode session
Skala scale
Sklavenarbeit slave labor
Sklaventreiber slave driver
Skonto cash discount
Skontration perpetual inventory
sofortige Bezahlung spot cash
sofortige Lieferung spot delivery
sofort lieferbare Waren spots
Solawechsel promissory note
Soll debit, target
Sollkosten budget costs, standard costs
Sollzins borrowing rate
Sollzinsen interest expenses
Solvenz solvency
Sonderabschreibung special depreciation allowance
Sonderangebot special offer
Sonderausgaben special expenditures
Sonderausstellung special exhibition
Sonderbetriebsvermögen special business property
Sondereigentum individual ownership

Sonderfall special case
Sondergenehmigung special-use permit
Sonderposten separate item
Sondertarif special tariff
Sonderumlage special assessment
Sondervermögen separate property
Sonderzeichen special character
Sonderzulage bonus payment, special bonus
Sorte brand, grade, make
Sorten foreign currencies
Sortenfertigung continuous batch production
Sortenhandel foreign currency dealings
Sortenkurs foreign exchange rate
Sortiment product range, product line, range of goods
Sozialabgaben social security tax
Sozialarbeiter social worker
Sozialeinrichtungen social services, welfare institutions
soziale Sicherung social security
Sozialhilfe social welfare
Sozialkosten social welfare expenditures
Sozialleistungen social welfare benefits
Sozialprodukt national product
Sozialversicherung social security
Sozialwissenschaften social sciences
Sparbrief savings bond, savings certificate
Sparbuch savings book
Spareinlage savings deposit
sparen save, scrimp
Sparkasse savings bank
Sparkassenbrief savings bank certificate
Sparkonto savings account
spärlich scanty
Sparmaßnahme economy measure
Sparquote savings rate
sparsam economical, frugal, thrifty
Spartenorganisation divisional organization
Spar- und Darlehenskasse savings and loan association (S&L)
Spediteur carrier, forwarding agent, shipping agent
Spedition shipping agency
Speditionsvertrag shipping contract
Spekulant speculator
Spekulation speculation
Spekulationsgeschäft speculative transaction
Spekulationsgewinn speculative gain
Spekulationskapital venture capital
spekulieren speculate
Spende charitable contribution, donation
spenden contribute, donate
Sperre ban, barrier
Sperrkonto blocked account, frozen account
Sperrminorität blocking minority
Sperrzeit closing time
Spezialanfertigung manufacture to customer's specifications
Spezialerzeugnisse specialty goods
Spezialgebiet specialty
Spezialisierung specialization
Spezialität specialty
Spezieskauf sale of specific goods
Speziesschuld specific obligation
Spezifikation specification
spezifisch specific
spezifizieren specify
Spielautomat slot machine
spielen gamble
Spitzel stool pigeon
Splitting split, splitting
Sponsor backer, sponsor

Sprecher spokesman, spokesperson
Sprecherin spokesperson, spokeswoman
Sprungkosten semifixed costs
Staatsangehöriger citizen, national
Staatsanleihe government bond
Staatsanwalt district attorney, public prosecutor
Staatsausgaben public spending
Staatsbank state bank
Staatsbesitz government property
Staatsbürger citizen
Staatseinkünfte revenue
Staatseinnahmen public revenue
Stabilisierung stabilization
Stabilität stability
städtisch municipal, urban
Staffelanleihe graduated-interest loan
staffeln stagger
Staffelpreis graduated price
Stagflation stagflation
Stagnation stagnation
Stahlarbeiter steelworker
Stahlwalzwerk steel mill
Stammaktie common stock
Stammeinlage initial capital contribution
Stammkapital equity share capital
Standardabweichung standard deviation
Standardformat standard size
Standardgröße standard size
Standort location, site
Standort wechseln relocate
Startkapital seed money
statisch static
statisches Budget static budget
Statistik statistics
statistische Erhebung statistical survey
stattlich considerable
statusbewußt status-conscious
Statussymbol status symbol
Statut statute
Statuten articles of association, bylaws
Staugebühr stowage
steigend rising
Steigerung increase, rise
Stellage put and call
Stellagegeschäft dealing in futures, spread
Stellenangebot job offer, vacancy
Stellenausschreibung job ad
Stellenbeschreibung job description
Stellenbesetzung staffing
Stellenplan staffing schedule
Stellfläche shelf space
Stellung job, position
Stellungnahme comment
stellvertretend acting, deputy, representative
stellvertretender Vorsitzender deputy chairman
Stellvertreter deputy, substitute, representative
Steuer tax
Steuerabzug tax deduction
Steueraufkommen tax revenue
Steuerbehörde internal revenue
Steuerbelastung tax burden
Steuerbemessungsgrundlage tax base
Steuerberater tax consultant, tax preparer
Steuerbescheid tax notice
Steuerbilanz tax balance sheet
Steuererklärung tax return
Steuererstattung tax refund
steuerfreie Einnahmen nontaxable income
steuerfreies Einkommen nontaxable income
Steuergericht tax court
Steuerhinterziehung tax evasion
Steuerklasse tax bracket
Steuerlast tax burden
steuerlicher Wohnsitz tax residence

Steuermaßstab tax base
Steueroase tax haven
Steuerordnungswidrigkeit tax violation
steuerpflichtig subject to taxation
Steuerpflichtiger taxpayer
Steuerrückstand back taxes
Steuersatz tax rate
Steuerschuld tax liability
Steuerstraftat tax offense
Steuertarif income tax rate schedule
Steuerumgehung tax avoidance
Steuervergünstigung tax break
Steuervorauszahlung prepayment of taxes
Steuerzahler taxpayer
Steuerzuschlag surtax
Stichprobe sample, spot check
stiften donate, establish, found
Stiftung endowment, foundation
stille Beteiligung silent partnership
Stillegung shutdown
stille Reserven hidden reserves
stiller Gesellschafter silent partner
Stillhalteabkommen standby agreement
stillschweigend tacit
stillstehend stagnant, stationary
Stimmenthaltung abstention
Stimmrecht voting right
Stimmrechtsaktie voting stock
stimmrechtslose Aktie nonvoting stock
Stipendium scholarship, student grant
Stockdividende stock dividend
Stop-Loss-Auftrag stop loss order
stören bother, inconvenience
Störfaktor nuisance value
stornieren cancel
Stornierung cancellation
Storno reversal
Störung breakdown, disruption, nuisance, trouble
Störungszeit downtime
strafbar punishable
Strafgeld fine
Strategie strategy
strategische Planung strategic planning
Streckengeschäft drop-shipping
Streifbanddepot segregation
Streik strike
Streikbrecher strikebreaker
streiken go on strike, strike
Streikverbotsklausel no-strike clause
Streitfrage question at issue
Streitigkeit dispute
Streitwert amount involved
Streuungsdiagramm scatter diagram
Streuungsmaß measure of dispersion
Strichcode bar code
Strohmann front man, straw man, street name
Strukturanalyse structural analysis
strukturell structural
Stückelung denomination
Stückgut less-than-carload freight
Stückkauf sale of specific goods
Stückkosten cost per unit
Stücknotierung unit quotation
Stückschuld specific obligation
Stückzinsen accrued interest
Stufentarif graduated tariff
stunden grant an extension
Stundung extension, respite
Sturz plunge, slump
stützen prop, support
Submissionsangebot bid, tender
Submissionskartell bidding cartel
Submissionspreis contract price, tender price
Subskriptionspreis subscription price
Substanz material, substance
Substanzerhaltungsrücklage inflation reserve

Substanzwert net asset value
Subunternehmer subcontractor
Subvention subsidy
subventionieren subsidize
Subventionierung subsidization
Sukzessivlieferung multiple delivery
Summe amount, sum, sum total
Summenaktie par value stock
Summenbilanz account statement
Summenversicherung fixed-sum insurance
summieren add up
Sündenbock scapegoat
suspendieren suspend
Swapgeschäft swap transaction
Sympathiestreik sympathy strike
Syndikat consortium, syndicate
Synergie synergy
Systemanalyse feasibility study, systems analysis

T

tabellarisch tabular
tabellarisieren tabulate
Tabelle scale, table
Tafelgeschäft over-the-counter selling
Tagesgeld call money
Tagesgeschäft day order
Tagesleistung daily output
Tagesordnung agenda
Tageswechsel day bill
Tageswert current value, market value
Talon renewal coupon
Talsohle der Konjunktur trough
Tante-Emma-Laden mom and pop store
Tantieme management bonus, royalty
Tarif rate, scale, tariff
Tarifabschluß labor settlement
Tarifautonomie free collective bargaining
Tariflohn standard wage, union rate
Tarifverhandlungen contract negotiations, collective bargaining, pay talks
Tarifvertrag collective agreement, wage agreement
Tarnname street name
Taschengeld spending money
tätigen transact
Tätigkeit occupation, work
tätig sein bei work for
tätig werden take action
tauschen swap, trade, truck
Tauschgeschäft trade-out
Tauschhandel barter
Tauschwert exchange value
Tauschwirtschaft barter economy
Taxe charge, fee, valuation
taxieren assess, value
Technik technique, technology
Techniker technician
technische Aktienanalyse technical analysis
technische Kurskorrektur technical correction
technischer Fortschritt technological advance
technischer Kundendienst technical support
technologische Arbeitslosigkeit technological unemployment
Teilbeschäftigung part-time work
Teilbetrag partial amount
Teilerhebung sampling
teilhaben participate
Teilhaber associate, partner, participant, shareholder

Teilhaberversicherung partnership insurance
Teilhafter limited partner
Teilkaskoversicherung partial coverage insurance
Teilkostenrechnung direct costing
Teillieferung partial delivery
Teilliquidation partial withdrawal
teilnehmen participate
Teilnehmer participant
Teilschuldverschreibung fractional bond
Teilsendung partial shipment
Teilstornierung partial cancellation
Teilwert fractional value
Teilzahlung partial payment
Teilzahlungsgeschäft installment sale
Teilzahlungsvertrag installment contract
Teilzeitarbeit part-time work
Teilzeitkraft part-time worker
Telefonrechnung telephone bill
Telefonverkauf teleselling
Termin appointment, deadline, target date, term
Terminablage tickler file
Terminbörse futures market
Termineinlage time deposit
Termingelder term deposits, time deposits
Termingeschäft futures dealings, time bargain
Terminhandel futures trading
Terminkurs futures price
Terminplan time schedule, timetable
Terminsicherung futures hedging
Terminspekulation speculation in futures
Testament last will and testament
Testamentsbestätigung probate
Testamentsnachtrag codicil
Testamentsvollstrecker executor
Testmarkt test market
Testprodukt tentative product
teuer costly, pricey, valuable
Teuerung increase in the cost of living, rising prices
Teuerungszulage cost-of-living allowance
Textverarbeitung word processing
Thematik theme
thesaurieren retain earnings, retain income
thesaurierter Gewinn retained earnings
Tiefpunkt der Börsenkurse trough
tilgen discharge, pay off, redeem, satisfy
Tilgung discharge, repayment, redemption, satisfaction
Tilgungsanleihe redeemable bond
Tilgungsdarlehen redeemable loan
Tilgungsdauer redemption period
Tilgungsfonds redemption fund
Tilgungshypothek level-payment mortgage
Tilgungsrücklage reserve for redemption
Tilgungsstreckung repayment deferral
T-Konto T-account
Tochtergesellschaft subsidiary, subsidiary company
Totalschaden total loss
Traditionspapier document of title
Trampschiff tramp
Tranche portion, slip, tranche
Transaktion deal, operation, transaction
Transferzahlung transfer payment
Transithandel transit trade
transitorische Posten deferrals

Transport carriage, conveyance, transport, transportation
transportieren transport
Transportunternehmen shipping company
Trassant drawer
Trassat drawee
Tratte bill of exchange, draft
Treibhaus greenhouse, hothouse
Treibhauseffekt greenhouse effect
Trendumkehr trend reversal
Trennungsentschädigung severance pay
Trennwand partition
Tresor safe
Treuerabatt loyalty discount
Treugeber trustor
Treuhand trust
Treuhänder trustee
treuhänderisch fiduciary, in trust
treuhänderische Verwaltung trusteeship
Treuhandgesellschaft trust company
Treuhandkonto agency account, trust account
Treuhandvermögen trust fund
Treuhandvertrag trust deed
Treu und Glauben good faith
trickreicher Geschäftsmann trickster
Trinkgeld tip
Trott rut
trotzdem nevertheless
Trugschluß fallacy
typisieren typify
Typung standardization

U

Überangebot oversupply
überarbeiten rework
Überarbeitung overwork, revision
Überbeschäftigung overemployment
überbesetzt overmanned, overstaffed
überbewertet overpriced, overvalued
überbewertete Aktien top-heavy shares
überbieten outbid
Überblick survey
Überbringerklausel bearer clause
Überbringerscheck bearer check
überbrücken tide over
Überbrückungskredit bridge loan, interim loan, swing loan
überbucht overbooked
Übereignung conveyance, transfer of ownership
Übereinkunft agreement, arrangement, understanding
übereinstimmen mit conform to, correspond to
Überemission overissue
überfällig overdue, past due
überflüssig redundant, superfluous
Übergangskonto suspense account
übergeben hand over to, turn over to
übergehen pass over
überheblich overbearing
Überhitzung overheating
überholen overtake
Überkapitalisierung overcapitalization
überladen overload

überlasten overburden
übermächtiger Wirtschaftsboss tycoon
übermäßig excessive, undue
übermitteln transmit
Übermittlung transmission
Übernachtungskosten overnight expenses
Übernahme acquisition, takeover
Übernahmegerüchte takeover rumors
Übernahmekonnossement received for shipment bill of lading
Übernahmekurs transfer price
übernehmen take over
über pari above par
überprüfen review
Überredung persuasion
Überredungskunst persuasiveness
Überredungskünstler persuader
übersättigen satiate
Übersättigung satiation
überschreiten exceed, overshoot
Überschreitung overrun
Überschuldung overindebtedness
Überschuß surplus
Überschußbeteiligung surplus sharing
Überschußrechnung net income method
übersehen overlook
Übersetzer translator
Übersicht summary, survey, outline
Überspekulation overtrading
übersteigen exceed, go beyond, outrun, top
Überstunden overtime
Überstunden machen work overtime
Übertrag balance brought forward
übertragbar negotiable, transferable
übertragen transfer, transmit
Übertragung transfer
Übertragungsbilanz unilateral payments
übertreffen excel, surpass, top
übertriebenes Lob in der Werbung puffery
überversichert overinsured
Überversicherung overinsurance
Übervölkerung overpopulation
überwachen monitor, supervise
überweisen remit, transfer
Überweisung money order, remittance, transfer
Überweisungsempfänger remittee
überzahlen overpay
Überzahlung overpayment
überzeugen convince, persuade
überzeugend convincing, persuasive
überzeugt convinced
Überzeugungskraft persuasiveness
überziehen overdraw
Überziehung overdraft
Überziehungskredit overdraft loan
überzogen overdrawn
überzogene Summe overdrawal
üblicher Preis normal price
Ultimo end of month, last day
umarbeiten rework
Umbau alterations, rebuilding
umbuchen change one's booking, reverse an entry
Umbuchung adjusting entry, change in booking
Umfinanzierung refunding
umformulieren reword
umgestalten reorganize
Umgestaltung reorganization, transformation
umgruppieren reclassify
Umgruppierung reclassification, reorganization
Umkehr reversal, turnaround
Umkehrwechsel acceptor's bill
umlagepflichtig ratable
Umlaufvermögen current assets

umrechnen convert
Umrechnungskurs conversion rate, rate of exchange
umreißen outline
Umriß outline
Umsatz sales, turnover
Umsatzhäufigkeit rate of turnover
Umsatzrendite net income percentage of sales
Umsatzrentabilität margin of profit, profit on sales, return on sales
Umsatzsteuer sales tax
Umschlaggeschwindigkeit der Forderungen receivables turnover
Umschlagshäufigkeit turnover rate
Umschlagszeit turnover period
umschreiben rewrite
umschulden reschedule
Umschuldung debt refunding, refinancing
umschulen retrain
Umschulung vocational retraining
Umschwung turnaround
Umsicht prudence
umsichtig prudent
Umstrukturierung reorganization, restructuring
Umtausch exchange
Umtauschangebot paper bid
Umwandlung conversion, transformation
Umwelt environment
Umweltpolitik environmental policy
Umweltschäden environmental damage
Umweltschutz environmental protection
Umweltschützer environmentalist
Umweltverschmutzer polluter
Umweltverschmutzung environmental pollution
Umweltverträglichkeitsprüfung assessment of environmental impact
Umweltzertifikat environmental permit
Umzug relocation, removal
unbebautes Gelände open space
unbegrenzt open-ended
unberechtigt unjustified
unbeschränkt unlimited, unrestricted
unbeschränkte Haftung personal liability
unbestätigt unconfirmed
unbewegliche Sachen realty
unbezahlt outstanding, unpaid
unerlaubt illegal, unauthorized
unerlaubte Handlung tort, unlawful act
unerschlossene Grundstücke raw land
unfähig incapable, unable
Unfähigkeit incapacity, inability
unfaire Behandlung raw deal, unfair treatment
Unfallversicherung accident insurance, casualty insurance
ungeeignet unsuitable
ungefähr approximately
ungelernter Arbeiter laborer, unskilled worker
ungerade odd
ungeregelter Freiverkehr third market
ungültig invalid, out of force, void
Unkosten costs, expenses, overheads
unkündbare Anleihe noncallable bond
unlauterer Wettbewerb unfair competition
unmodern out-of-date
Unregelmäßigkeit irregularity
Unstimmigkeit discrepancy, inconsistency
Unterbeschäftigung underemployment

Unterbewertung undervaluation
Unterbilanz adverse balance
unterbreiten submit
Untergebener subordinate
Unterhalt maintenance, support, upkeep
unterhalten maintain
Unterhaltungskosten maintenance cost, operating cost
Unterkapitalisierung undercapitalization
Unterlagen supporting documents
unterlassen omit
Unterlassung omission
Unternehmen business firm, company, concern, undertaking
Unternehmensführung business administration, management
Unternehmensfusion merger
Unternehmenskauf acquisition
Unternehmenszusammenschluß merger
Unternehmer businessman, entrepreneur, operator
Unternehmereinkommen business income
unter pari below par
unterschlagen embezzle
Unterschlagung embezzlement
Unterschrift signature
unterschriftsberechtigt authorized to sign
Unterstützung aid, assistance, backing, support
Unterversicherung underinsurance
unter vier Augen in private
unterzeichnen sign
Unterzeichner signer
unverbindlich without obligation
Unverfallbarkeit vesting
unverlangtes Angebot unsolicited offer
unverzüglich immediately, without delay
unwiderrufliches Akkreditiv irrevocable letter of credit
unwirksam null and void
Urabstimmung strike vote
Urheberrecht copyright
Urkunde legal document
Urlaub holiday, leave, vacation
Ursprungserklärung declaration of origin
Ursprungsland country of origin
Ursprungszeugnis certificate of origin
Usance custom, usage

V

validieren validate
Valoren securities
Valuta currency, foreign currency
Valuta-Anleihe foreign currency loan
valutieren set the value date
Valutierung stating the value date
variable Kosten variable cost
variabler Zins floating rate, variable interest rate
verabreden agree upon, appoint, fix
Verabredung agreement, appointment
verallgemeinern generalize
Verallgemeinerung generalization
Veralten obsolescence
veraltend obsolescent
veraltet obsolete, out-of-date
veranlassen arrange, cause, prompt

veranschlagen estimate
verantworten answer for, take responsibility for
verantwortlich liable, responsible
Verantwortung responsibility
verarbeitende Industrie manufacturing industry
Verarbeitung processing
Veräußerung disposal, sale
Veräußerungsgewinn profit on a sale
Verband association, society
verbessern correct, improve
Verbesserung correction, improvement
verbindlich binding, obligatory
Verbindlichkeit liability, obligation
Verbindlichkeiten accounts payable, debts, liabilities
Verbindung connection, link
Verbleib whereabouts
Verbot ban, prohibition
verboten prohibited
Verbrauch consumption, use
verbrauchen consume, use up
Verbraucher consumer
Verbrauchermarkt shopping center
Verbraucherschutz consumer protection
Verbrauchsgüter consumer goods
verbriefter Anteil evidenced share
verbundene Produktion joint production
verbundene Unternehmen associated companies
verdanken owe
verderblich perishable
verdeutlichen elucidate, make clear
verdienen earn, make
Verdienst earnings, gains
Verdienstspanne profit margin
verdorbene Ware spoiled goods
Verein association, society
vereinbar compatible, consistent
vereinbaren agree upon, arrange
vereinbart agreed, stipulated
Vereinbarung agreement, arrangement
vereinbarungsgemäß as agreed
vereinfachen simplify
Vereinfachung simplification
Vereinigung association, society, union
Verengung squeeze
verfahren act, proceed
Verfahren method, procedure, process, proceedings
Verfall lapse
verfallen lapse
verfallene Versicherungspolice lapsed policy
Verfallklausel forfeiture clause
Verfallsdatum expiration date
Verfalltag date of maturity, due date
verfassen write
verfügbar available
verfügbares Einkommen disposable income
Verfügung disposal, disposition, order
vergeben distribute, give away, place with
vergeuden squander, waste
Vergeudung waste
Vergleich comparison, settlement
vergleichende Werbung comparative advertising
Vergleich schließen reach a settlement
Vergleichsverfahren reorganization proceedings
vergriffen out of print, sold out
Vergünstigung discount, perk, perquisite
vergüten reimburse
Vergütung reimbursement
Verhältnisse circumstances
verhandeln negotiate

Verhandlung negotiation
verhindern prevent
Verjährung statute of limitations
Verkauf sale
Verkauf auf Probe sale on approval
Verkauf auf Rechnung sale on account
verkaufen market, sell
Verkäufer salesman, salesperson, seller, shop assistant
Verkäuferin saleswoman, salesperson, shop assistant
Verkäufermarkt seller's market
Verkäuferstab sales force
verkäuflich for sale, marketable, negotiable, salable
Verkaufsabteilung sales department
Verkaufsargument sales pitch
Verkaufsauftrag zur Verlustminderung stop-loss order
Verkaufsaussichten sales prospects
Verkaufsbedingungen terms of sale
Verkaufserlös sales proceeds, sales revenue
Verkaufsfläche selling area
Verkaufsförderung sales promotion
Verkaufsförderung und Verkaufspolitik merchandising
Verkaufsgebiet sales territory
Verkaufsgewandtheit salesmanship
Verkaufskampagne sales drive
Verkaufskonto sales account
Verkaufsleiter sales manager
Verkaufsmasche sales pitch
Verkaufsmethode selling technique
Verkaufsoption put option
Verkaufsorganisation sales organization
Verkaufspreis selling price
Verkaufsprospekt sales folder
Verkaufsrechnung sales invoice
Verkaufstalent selling ability
Verkaufstechnik salesmanship
Verkauf unter Eigentumsvorbehalt qualified sale
Verkehrshypothek ordinary mortgage
Verkehrspolitik transport policy
Verkehrssitte common business practice
Verkehrswert current market value
verklagen sue
verkleinern reduce
Verkleinerung reduction
verladen load
Verladepapiere shipping documents
Verladung loading
Verlag publishing house
Verlagerung shift
Verlagswesen publishing
verlängern extend, renew
Verlängerung extension, prolongation, renewal, stretchout
Verlangsamung slowdown
verlegen mislay, postpone, publish, transfer
Verleger publisher
verleumden slander
Verleumdung slander
Verleumdung (in Schriftform) libel
Verlockung sweetener
Verlust loss
Verlust abdecken cover a loss
Verlust auffangen absorb a loss
Verlust erleiden incur a loss
Verlustrücktrag loss carryback
Verlust tragen bear a loss
Verlustvortrag loss carryforward
Verlustzuweisung loss allocation
Vermächtnis legacy
vermarkten market, sell
vermeiden avoid
Vermeidung avoidance
Vermerk memorandum, note, remark
vermerken note, remark

vermieten lease, let, rent
Vermietung leasing, letting, rental
vermindern cut back, lessen, reduce
verminderte Erwerbsfähigkeit partial disability
vermitteln mediate
Vermittler agent, intermediary, middleman
Vermittlung mediation
Vermögen assets, means, property, wealth
Vermögensbilanz statement of assets and liabilities
Vermögensbildung capital formation
Vermögenslage financial situation
Vermögenssteuer property tax
Vermögensverteilung distribution of wealth
Vermögensverwalter portfolio manager, trustee
Vermögensverwaltung portfolio management, property management
Vermögenswerte assets
Vermögenszuwachs accretion, asset growth
vernachlässigen neglect
verneinen negate
Verneinung negation
Vernichtung destruction
Verordnung ordinance
verpachten lease
Verpackung package, packaging
Verpackungsdesign package design
Verpackungsdichte packing density
verpassen miss
verpfänden pawn
verpflichtend obligatory
Verpflichtung duty, commitment, obligation
verrechnen balance, clear, offset, pass to account
Verrechnung clearing, netting, settlement, setting off
Verrechnungskonto offset account
Verrechnungsscheck collection-only check, voucher check
verringern cut back, lower, reduce
Versandabteilung shipping department
Versandanzeige letter of advice
versandbereit ready for shipment
Versanddokument shipping document
Versandhandel mail order
Versandhaus mail-order house
Versandhauskatalog mail-order catalog
Versandspesen shipping expenses
Versandtasche mailer
versäumen miss, neglect
Verschiebung postponement
verschlagen shifty
verschlossener Briefumschlag sealed envelope
Verschmelzung merger
verschreiben prescribe
Verschulden fault, negligence
verschuldet indebted
Verschuldung indebtedness
Verschuldungsgrad debt-equity ratio, leverage
verschwenden squander, waste
verschwenderisch lavish, wasteful
Verschwendungssucht prodigality
Versetzung transfer, relocation
versichern insure
Versicherung insurance
Versicherung mit Selbstbehalt participating insurance
Versicherungsaktiengesellschaft stock insurance company
Versicherungsbetrug insurance fraud
Versicherungsdeckung insurance coverage

Versicherungsfall insured event
Versicherungsgesellschaft insurance company
Versicherungsmakler insurance broker
Versicherungsnehmer policyholder
Versicherungspolice insurance policy
Versicherungssumme amount insured
Versicherungswert insurable value
versiegeltes Angebot sealed bid
versorgen supply
Versorgung supply
verspätet behind schedule, late
verstaatlichen nationalize
Verstaatlichung nationalization
Verständigung arrangement, understanding
versteckter Mangel latent defect
versteigern auction off
Versteigerung auction
versteuert tax paid
Verstoß infringement, violation
Vertagung postponement
verteilen distribute, spread
Verteilung distribution, spread
Verteilungspolitik distributional policy
Vertrag agreement, contract, treaty
vertraglich weitergeben subcontract
Vertragsbedingung contract provision
Vetragsbruch breach of contract
Vertragsfreiheit freedom of contract
Vertragshändler authorized dealer
Vertragshändlerschaft authorized dealership
Vertragsnehmer contractor
Vertragspartner party to a contract
Vertragsstrafe contractual penalty
Vertrauensmann steward
vertrauenswürdig trustworthy
vertraulich confidential
vertreiben distribute, sell
vertretbare Sachen fungibles
Vertreter agent, salesman, sales representative, traveling salesman
Vertreterbesuch sales call
Vertreterin saleswoman
Vertretervertrag agency agreement
Vertretung agency, representation
Vertrieb distribution, marketing
Vertriebsabteilung marketing department
Vertriebsgemeinkosten selling expenses
Vertriebskooperation marketing cooperation
Vertriebspolitik marketing policy
Vertriebsweg channel of distribution
verwalten administer, manage
Verwalter administrator, manager, steward
Verwaltung administration, stewardship
Verwechslungsgefahr risk of confusion
verweigern refuse
Verweis reference, reprimand
verwenden apply, employ, use
Verwendung application, use
Verwirkungsklausel forfeiture clause
verzeichnen list
Verzeichnis schedule
verzögern delay
Verzögerung delay, stretchout
Verzug default, delay
Verzugszinsen default interest, interest on arrears
Vetternwirtschaft nepotism
vierteljährlich quarterly

vinkulierte Namensaktie registered stock
Volkseinkommen national income
Volksentscheid plebiscite, referendum
Volksvermögen national wealth
Volkswirt economist
Volkswirtschaft national economy
volkswirtschaftliche Gesamtausgaben national expenditure
volkswirtschaftliche Gesamtrechnung national income accounting
Volkswirtschaftslehre economics
Vollbeschäftigung full employment
vollbringen accomplish
Vollbringung accomplishment
volljährig of full legal age
Volljährigkeit age of majority
Vollkaskoversicherung comprehensive automobile liability insurance
Vollmacht power of attorney
Vollmachtgeber principal
vollstreckbarer Titel enforceable instrument
Vollstreckungsgläubiger judgment creditor
Vollstreckungsschuldner judgment debtor
Vollstreckungstitel legal judgment
Vorarbeiter foreman, supervisor
vorausbezahlt prepaid
Vorauskasse cash in advance
Voraussetzung prerequisite, requirement
Vorauszahlung prepayment
Vorbedingung prerequisite
Vorbehalt reservation
vorbehaltlich subject to
Vorbehaltskauf conditional sale
vorbestellen book in advance
vorbeugen prevent
vorbeugende Instandhaltung preventive maintenance
Vorbörse before-hour dealings
vorbörslicher Kurs premarket price
Vordruck printed form
vorfertigen prefabricate
vorführen present, show, show off
Vorführung demonstration, presentation
Vorgabekosten budgeted cost, target cost
Vorgabezeit standard time
vorgesehen scheduled
Vorgesetzter boss, straw boss, superior, supervisor
vorhergehend previous
Vorkalkulation preliminary costing
Vorkaufsrecht right of first refusal
Vorkommnis occurrence
vorladen summon
Vorladung subpoena, summons
Vorlage presentation, submission
vorläufig preliminary
Vorlegungsfrist time allowed for presentation
Vormachtstellung predominance
Vorort suburb
Vorperiode prior period
Vorrang preference
Vorrat stock, store, supply
vorrätig available, in stock, on hand
Vorratsvermögen inventories, stocks
Vorrechtsaktie preferred stock
Vorruhestandsregelung early retirement scheme
vorsätzlich deliberate, intentional
vorschießen advance
vorschreiben prescribe
Vorschrift regulation, rule
vorschriftsmäßig in accordance with regulations

vorschriftswidrig contrary to regulations
Vorschuß advance, retainer
Vorsichtsmaßnahme precaution
Vorsitzender chairman, presi-dent
Vorsprung advantage, lead
Vorstand board of directors, executive board
Vorstandsaktien management shares
Vorstandsmitglied member of the board
Vorstandsvorsitzender chairman of the board
Vorsteuer input tax
Vortrag balance carried forward
vorübergehend passing, temporary
Vorverkauf advance sale
Vorvertrag preliminary agreement, preliminary contract
Vorwand excuse, pretence, pretext
vorwiegend mainly
Vorzugsaktie preferred stock
Vorzugsbehandlung preferential treatment
Vorzugsdividende preferred dividend
Vorzugskurs below-market quotation
Vorzugsobligation priority bond
Vorzugspreis special price
Vorzugsrecht priority

W

Wachstum growth
Wachstumspolitik growth policy
Wachstumsrate rate of growth
Wagniskapital venture capital
Wahl option
wahlweise optional
wahrscheinlich likely, probable
Wahrscheinlichkeitstheorie theory of probability
Währung currency, exchange
Währungsabkommen currency agreement
Währungsexperte monetary expert
Währungspolitik monetary policy
Währungsreform monetary reform
Währungsreserven monetary reserves
Wandelschuldverschreibung convertible bond
Wanderarbeiter migratory worker
Wandergewerbe itinerant trade
Wandlung cancellation of sale, rescission
Ware article, commodity, merchandise
Waren commodities, goods, merchandise
Warenanfangsbestand opening inventory
Warenannahme receiving department
Warenausgang delivery, outgoing goods
Warenaustausch exchange of goods
Warenbeleihung lending on goods
Warenbestand stock in trade, stock on hand
Warenbörse commodity exchange
Wareneingang incoming goods, receiving

Wareneinsatz sales input
Warengruppe product line
Warenhaus department store
Warenkonto merchandise account
Warenkorb market basket
Warenkredit trade credit
Warenlager stock room
Warenliste stock list
Warenlombard lending on goods
Warenmuster sample
Warenpapiere shipping documents
Warenprobe merchandise sample, sample
Warenschulden trade accounts payable
Warensendung consignment of goods
Warenterminbörse commodity futures exchange
Warentermingeschäft commodity future transaction
Warenterminhandel commodities futures trading
Warenterminkontrakte commodities futures
Warenwechsel trade bill
Warenzeichen trademark
Waren zweiter Wahl seconds
Warnstreik token strike
warten maintain, service
Wartezeit waiting period
Wartung maintenance, service, upkeep
wasserdicht waterproof
Wasserverschmutzung water pollution
Wechsel bill of exchange
Wechselbürgschaft bill guaranty
Wechseldiskontkredit discount credit
Wechseleinzug collection of a bill
Wechselforderungen notes receivable
Wechselgeld change
Wechselgläubiger bill creditor
Wechselkredit acceptance credit
Wechselkurs exchange rate, rate of exchange
Wechselmakler bill broker, discounter
Wechselnehmer payee of a bill
Wechselobligo acceptance liabilities
Wechselprolongation renewal of a bill
Wechselprotest bill protest
Wechselreiterei bill jobbing, kite flying
Wechselschicht rotating shift
Wechselschuldner bill debtor
wechselseitige Lieferbeziehungen reciprocal buying
Wechselseitigkeit mutuality
Wechselverbindlichkeiten notes payable
Wegerecht right of way
Wegnahme confiscation, seizure
Wegwerfgüter disposable products
weiche Währung soft currency, soft money
Weigerung refusal
Weiterverarbeitung finishing, processing
Weiterverkauf resale
weiterverkaufen resell
Weiterverkäufer reseller
Weltbank International Bank of Reconstruction and Development (World Bank)
Welthandel world trade
Weltwirtschaft world economy
Weltwirtschaftskrise world-wide economic crisis
Werbeabteilung advertising department
Werbeagentur advertising agency
Werbeaktion publicity campaign
Werbebotschaft sales message
Werbebrief sales letter
Werbeetat advertising budget
Werbefeldzug advertising campaign

Werbegraphiker commercial artist
Werbekampagne advertising campaign
Werbeleiter advertising manager
Werbematerial sales literature
Werbemittel advertising media
werben advertise, promote
Werbeplakat show bill
Werbesendung commercial
Werbespot commercial
Werbespruch slogan
Werbetext advertising copy
Werbetexter copy writer
Werbung advertising, promotion, publicity
Werbungskosten income-related expenses
Werdegang background
Werft dockyard, shipyard
Werk factory, plant, works
Werklieferungsvertrag cost-plus contract
Werkstattfertigung shop assembly
Werkvertrag contract for services
Werkzeugmaschine machine tool
Wert price, rate, value, worth
Wertangabe declaration of value
Wertarbeit quality workmanship
Wertberichtigung value adjustment
Wertbrief insured letter
Wertemission security issue
werten assess, calculate, rate
Wertermittlung valuation
Wertminderung decrease in value, reduction in value
Wertpapier security
Wertpapierbestand securities holdings
Wertpapierbörse securities exchange
Wertpapierdepot safe custody
Wertpapiere bonds, securities, shares, stocks
Wertpapierhandel securities trading
Wertpapiermakler securities broker
Wertpapier mit laufenden Zinszahlungen pass-through security
Wertpapierverkaufsauftrag ohne Limit market order
Wertsachen valuables
Wertschöpfung value added
Wertsicherungsklausel escalator clause
Wertsteigerung increase in value, appreciation
Wertstellung value date
Wertung assessment, evaluation
Wertverlust decrease in value, depreciation
wertvoll valuable
wertvollster Besitz prized possession
Wertzuwachs appreciation
Wettbewerb competition
Wettbewerbsbeschränkung restraint of trade
Wettbewerbsbeschränkungen restrictive practices
Wettbewerbsfähigkeit competitiveness
Wettbewerbsklausel competition clause
Wettbewerbsrecht antitrust laws
Wettbewerbsverbot restraint clause
Wettbewerbsvorteil competitive advantage
Wette bet, wager
wetten gamble, wager
wettmachen recoup
widerrechtlich unlawful
widerrufen annul, call back, cancel, revoke
widerruflich revocable
Widerrufsklausel revocation clause
Widerspruch einlegen file an objection

widerstrebend reluctant
Wiederanlagesatz reinvestment rate
Wiederanpassung readjustment
Wiederaufbau reconstruction
Wiederaufnahme renewal
wiederaufnehmen resume
wiederbeleben revive
Wiederbeschaffung replacement
Wiederbeschaffungswert replacement value
Wiedereinsetzung reinstatement
Wiedererlangung recovery
wiedergutmachen compensate for, make up for
Wiedergutmachung restitution
wieder hineinstecken plow back, reinvest
Wiederholung recurrence, repetition
wiederinstandsetzen recondition
Wiederkauf repurchase
wiederkehren recur
wiederkehrend recurring
Wiederverkauf resale
wiederverkaufen resell
Wiederverkäufer reseller, retailer
wiederverwenden reuse
wiederverwertbar recyclable
wiederverwerten recycle, reutilize
Wiederverwertung recycling
wilder Streik unauthorized strike, wildcat strike
Willenserklärung declaration of intention
wirksam effective
Wirtschaft economy
wirtschaften budget, manage
wirtschaftlich economic
wirtschaftliche Lebensdauer useful life
Wirtschaftlichkeit economic efficiency, profitability
Wirtschaftsausschuß economic affairs committee
Wirtschaftsberater business consultant, economic adviser
Wirtschaftsbeziehungen economic relations, trade relations
Wirtschaftsgebiet economic area
Wirtschaftsgut asset
Wirtschaftsjahr fiscal year
Wirtschaftskreislauf circular flow of the economy
Wirtschaftskriminalität white-collar crime
Wirtschaftslage economic situation
Wirtschaftsordnung economic order
Wirtschaftspolitik economic policy
Wirtschaftsprüfer accountant, auditor
Wirtschaftsprüfung audit
Wirtschaftssektor economic sector
Wirtschaftsstatistik economic statistics
Wirtschaftssystem economic system
Wirtschaftsteil business section
Wirtschaftsverband business association
Wirtschaftswachstum economic growth
Wirtschaftszweig sector of the economy
Wissenschaft science
wissenschaftlich scientific
wissentlich knowingly
Wochenblatt weekly
wöchentlich weekly
Wohlfahrt welfare, prosperity
Wohlfahrtsstaat welfare state
wohlhabend prosperous, well-to-do
Wohlstandsgesellschaft affluent society
Wohltätigkeit charity
Wohltätigkeitszweck good cause
Wohndauer occupancy
Wohngebiet residential area

Wohnmangel housing shortage
Wohnsitz place of residence
Wohnung apartment, dwelling, house
Wohnungsbau housing construction
Wohnungsbaudarlehen housing loan
Wohnungseigentum condominium ownership
Wucher profiteering, usury
Wuchermiete rack rent
Wucherpreis exorbitant price
Wucherzinsen Shylock charges, usurious interest
Wundermittel miracle cure
wunschgemäß as requested

Z

Zahl figure, number
zahlbar payable
zahlbar bei Sicht payable on sight
zahlen pay, make payments
zählen count, tally
Zahlender payer
zählen zu rank among
Zähler meter
Zahlkarte money order
Zahlmeister paymaster, purser
zahlreich numerous
Zahlstelle paying agent, payment office
Zahltag date of payment, payday
Zahlung payment
Zahlung bei Fälligkeit payment in due course
Zahlungen einstellen stop payments
Zahlung nach Wunsch des Kunden pay as you go
Zahlung ohne Bücher off the books
Zahlungsabkommen payment agreement
Zahlungsanweisung order to pay
Zahlungsanzeige remittance advice
Zahlungsaufforderung request for payment
Zahlungsaufschub extension of payment
Zahlungsauftrag payment order
Zahlungsbedingungen terms of payment
Zahlungsbefehl order for payment
Zahlungsbilanz balance of payments
Zahlungseinstellung suspension of payments
Zahlungsempfänger payee
Zahlungserinnerung reminder
Zahlungserleichterung extended terms of payment
Zahlungsfähigkeit solvency
Zahlungsmittel means of payment
Zahlungsregelung settlement of payment
Zahlungsschwierigkeiten financial difficulties
Zahlungstermin date of payment, payment date
Zahlungsunfähigkeit inability to pay, insolvency
Zahlung veranlassen effect payment
Zahlungsverkehr monetary transactions
Zahlungsverzögerung delay in payment

Zahlungsverzug default in payment
Zahlungsweise manner of payment, payment method
Zahlungsziel period of time allowed for payment
Zedent assignor
zeichnen subscribe
Zeichner subscriber
Zeichnung signature, subscription
zeichnungsberechtigt authorized to sign
Zeichnungskurs subscription price
Zeitarbeit temporary work
Zeitlohn time wage
Zeitraum period
Zeitreihe time series
Zeit schinden stall
Zeitschrift periodical
Zeitschriftenhändler newsdealer
Zeitstudie time study
Zeitungsabonnement newspaper subscription
Zeitungspapier newsprint
Zeitverzögerung time-lag
Zeitwert current market value
Zentralbank central bank, Federal Reserve Bank
Zentralbankgeldmenge central bank money supply
Zentralbankrat Federal Reserve Board
Zentralwert median
zerbrechen break
Zession assignment of claim
Zessionar assignee
Zettel slip
Zeugnis certificate, recommendation
Ziehungsrechte drawing rights
Ziel goal, objective, target
Zielgruppe target group
Zielkauf purchase on credit
Zielsetzung objective
Zins interest
Zinsen tragen yield interest
Zinsertragskurve yield curve
Zinseszins compound interest
Zinsgefälle interest rate spread, rate differential
Zinspolitik interest rate policy
Zinssatz rate of interest
Zinsspanne interest margin
zirka about, approximately
Zivilrecht civil law
zögern hesitate
Zoll customs, customs duty, tariff
Zollabfertigung customs clearance
Zollager bonded warehouse
Zollbehörde customs authority
Zollbürgschaft removal bond
Zollformalitäten customs formalities
Zollpapiere customs documents
Zollkontingent tariff quota
Zollsenkung tariff cut
Zollwert customs value
Zubehör accessories
Zufall coincidence
Zufallsstichprobe random sample
Zufallszahl random digit
zufriedenstellen satisfy
zufriedenstellend satisfactory
Zugabe bonus, free gift
Zugang access
zugrundeliegend underlying
zu Händen for the attention of
Zulage bonus, supplement
Zulassung listing, quotation
Zulieferer supplier
Zulieferungsindustrie supply industry
zur Ansicht on approval
zurückbehalten retain
Zurückbehaltungsrecht retainage
Zurückerstattung refund, reimbursement
zurückgelegte Ware layaway
zurückhalten withhold
zurückkaufen repurchase
Zurücknahme withdrawal
zurückschicken return

zurücktreten resign
zurückweisen reject
zurückzahlen pay back, repay
zur Zeit at present
Zusammenarbeit cooperation, teamwork
Zusammenbruch crash
Zusammenfassung recapitulation, summary, synopsis
zusammensparen save up
zusammenstreichen slash
Zusammenveranlagung joint assessment
Zusatzkosten additional cost
zusätzlich additional, supplementary
zusätzlich eingezahltes Kapital paid-in surplus
Zusatzsteuer surtax
Zuschreibung write-up
Zuschuß grant, subsidy
Zusicherung assurance, promise
Zustand condition
Zustellung consignment, delivery
zuverlässig reliable
Zuverlässigkeit reliability
zuviel berechnen overcharge
zuviel verlangen overcharge
Zuwachsrate rate of growth
zuwenig Wechselgeld geben short-change
Zwangsanleihe forced loan
Zwangsgeld enforcement fine
Zwangskonkursverfahren compulsory bankruptcy proceedings
Zwangspensionierung compulsory retirement
Zwangssparen forced saving
Zwangsvergleich compulsory settlement
Zwangsversteigerung execution sale
Zwangsverwaltung receivership
Zwangsvollstreckung foreclosure
Zweck purpose
Zweckbindung appropriation
zweckmäßig practical, useful
Zweifel doubt
zweifelhafte Forderungen doubtful accounts receivable
Zweigstelle branch
Zweikreissystem dual accounting system
zweiteiliges Übernahmeangebot two-tier offer
zweitklassig second-rate
Zwischenbilanz interim balance sheet
Zwischenfall incident
Zwischenkredit bridge loan, swing loan
Zwischenlandung stopover
Zwischenschein scrip
Zwischensumme subtotal
Zwischenverkauf vorbehalten subject to prior sale
Zyklus cycle

HEYNE
BÜCHER